Bertrand Dufour

Comprendre la stratégie d'entreprise

ABD éditions

Comprendre la stratégie d'entreprise de Bertrand Dufour

Première édition : janvier 2020

ABD éditions
abdeditions@gmail.com
http://abd-editions.wix.com/abdeditions
https://www.facebook.com/ABD-éditions-536628819836347/
https://twitter.com/abdeditions

ISBN
979-10-95247-36-4

Chez le même éditeur

Sciences et techniques

Comprendre les moteurs d'avions, Romain Arcis, ABD éditions, Juillet 2015

Aviation

Une Histoire de l'aviation commerciale, Jean-Jacques Dufour, ABD éditions, mai 2016

Aviation commerciale française - le centenaire, Jean-Jacques Dufour, ABD éditions, janvier 2018

Aviation commerciale britannique - a century, Jean-Jacques Dufour, ABD éditions, septembre 2018

Aviation commerciale américaine - hundred years, Jean-Jacques Dufour, ABD éditions, mars 2019

Humour

Brèves de boulot, Adrien Simon, ABD éditions, Septembre 2015

Management

Le guide du tutorat en entreprise, Bertrand Dufour, ABD éditions, Septembre 2015

Théâtre

Le Procès de Julien Sureau, Jean-Jacques Dufour, ABD éditions, Octobre 2015

Meg, Jean-Jacques Dufour, ABD éditions, Novembre 2015

Monsieur Joseph, Jean-Jacques Dufour, ABD éditions, Février 2016

Duo ou presque, Jean-Jacques Dufour, ABD éditions, Octobre 2016

Cinéma

Les Tontons flingueurs décryptés, Bertrand Dufour, ABD éditions, Mars 2016

Du même auteur

<u>Management</u>

Le guide du tutorat en entreprise, Bertrand Dufour, ABD éditions, Septembre 2015

<u>Cinéma</u>

Les Tontons flingueurs décryptés, Bertrand Dufour, ABD éditions, Mars 2016

Comprendre la stratégie d'entreprise

de Bertrand Dufour

janvier 2020

Avant propos

Discipline importante des sciences de gestion, aborder la stratégie d'entreprise n'en reste pas moins un exercice délicat, tant cette notion reste souvent flou dans les esprits. Il faut dire que c'est une discipline encore très jeune, apparue seulement au cours du XXème siècle. Si le terme même de « *stratégie* » n'est pas nouveau, il est resté associé à la terminologie guerrière ou plus récemment aux jeux, se confondant souvent d'ailleurs avec la notion de « *tactique* ». Quant à l'entreprise, son étude n'est guère plus récente. Cantonnée au rôle de « *boite noire* » par les économistes du XIXème siècle, ce n'est que depuis quelques décennies que les sciences de gestion s'y intéressent d'un peu plus près. Cet ouvrage se propose donc, de façon synthétique et structuré, de balayer l'ensemble de ce qu'on appelle la « *stratégie d'entreprise* », depuis ses prémices jusqu'à son émergence récente au sein des firmes. En s'appuyant sur une large bibliographie, vous aborderez simplement l'ensemble des concepts (stratégie corporate, stratégie business, stratégie opérationnelle, décision, choix des structures, leadership...) jusqu'aux travaux les plus récents. Au passage, vous vous familiariserez avec le vocabulaire de la discipline. Mais, la stratégie d'entreprise ne serait abordée que de façon incomplète sans ses méthodes et outils d'analyse. Ceux-ci sont largement présentés et associés à des exemples. L'ensemble du cours est d'ailleurs illustré par de nombreux exemples tirés de l'histoire économique récente. Si l'ouvrage s'adresse d'abord aux étudiants désireux de découvrir la discipline ou de consolider leurs connaissances, il permettra aussi aux lecteurs curieux de démythifier le sujet et de mieux décrypter l'actualité économique.

L'auteur, Bertrand Dufour, est ingénieur de formation, spécialisé dans le secteur industriel. Chef de projet, il est aussi diplômé d'économie et titulaire d'un MBA. Il est chargé de cours à Centrale-Supelec en gestion d'entreprise et chargé de TD en économie. Il intervient également en école de commerce sur le thème de la stratégie d'entreprise.

Sommaire

Qu'est-ce que la stratégie ? **17**

    Définitions 18

    La place de la stratégie dans l'entreprise 20

    Stratégie déduite - stratégie délibérée 21

Aux origines de la stratégie **23**

    Avant la stratégie… 24

    Sun Tzu 25

    Nicolas Machiavel 27

    Carl Von Clausewitz 28

    Basil Liddell Hart 30

    Finalement, que retenir de la stratégie militaire ? 32

    Mais beaucoup de différences 33

Emergence de la stratégie d'entreprise **35**

    L'économie néoclassique 36

    La théorie des jeux 38

    Pourquoi l'existence de la firme ? 40

    Le rôle de l'entrepreneur 41

    L'économie industrielle 42

    Apparition de la stratégie 43

    Et pourtant… 46

La nécessité d'une stratégie d'entreprise **47**

Les métiers de l'entreprise 48

La gouvernance d'entreprise 48

Le rôle d'une direction générale 49

La nécessité de définir une stratégie d'entreprise 49

L'environnement économique et social 51

Mondialisation 52

Une chaine de valeur mondialisée 53

Libéralisation des marchés 54

Révolution technologique 55

Crise économique et financière 56

L'entreprise et son environnement 57

Les parties prenantes 57

La Responsabilité Sociale de l'entreprise 58

Les enjeux éthiques 59

Le nouvel enjeu des ressources naturelles 60

L'économie circulaire 61

Vers une logique d'écosystème collaboratif 62

Vers un changement de perspective 62

La démarche stratégique 65

La démarche de la réflexion stratégique 66

Plan d'élaboration de la stratégie 66

La démarche stratégique est-elle une démarche top-down ? 67

Quelques typologies de stratégies d'entreprise 68

Le diagnostic stratégique 69

Objectif du diagnostic 70

Distinction diagnostic interne/externe 70

Segmentation stratégique 71

Le diagnostic externe 72

    Le modèle PESTEL 75

    Intensité concurrentielle : les forces de Porter 80

    Les groupes stratégiques 91

Diagnostic interne 95

    Les ressources et les compétences 96

    Le diagnostic fonctionnel..102

    La chaine de valeur 104

Le balancier du diagnostic 111

Les matrices de portefeuille 111

Le cycle de vie 116

Modèle LCAG et matrice SWOT 120

Opportunité ou menace ? 123

Qui doit réaliser le diagnostic ? 123

Choix de l'outil de diagnostic 124

La stratégie corporate 125

Qu'est-ce que la stratégie corporate ? 126

La mission et la vision 126

L'enjeu de la croissance...127

La spécialisation 130

La diversification 132

L'expansion 139

La matrice d'Ansoff..141

Synthèse sur la spécialisation et la diversification.............144

L'innovation 145

L'internationalisation...152

Stratégie et transformation numérique...............................158

Développement durable 160

Savoir gérer la croissance 161

Stratégie business 163

Qu'est-ce que la stratégie business ?..................................164

Les stratégies génériques 164

La domination par les coûts 165

La différenciation...173

Stratégie hybride..178

Stratégie de niche...181

Internalisation/Externalisation 183

Intégration verticale 188

L'effet « Reine rouge »..192

Stratégie « Océan bleu » 193

Hypercompétition 200

Business Model Canvas..203

« First mover »/« First follower » ? 206

Stratégie de plateforme 207

La stratégie low cost 208

La stratégie du luxe 213

Boussole stratégique prix-valeur : 216

Des stratégies business..217

Modalités de croissance **219**

Les modalités de croissance..220

Croissance interne...220

Croissance externe...222

Alliances stratégiques 227

Synthèse sur les modalités de croissance 231

Stratégie opérationnelle..**233**

Emergence du management opérationnel 234

Structure..237

Le modèle de Greiner 248

La conduite du changement 249

Leadership 251

Culture et identité 253

La décision..255

Limites et perspectives **261**

Les limites de la stratégie..262

Perspectives 264

Bibliographie **267**

Crédits photos **271**

Qu'est-ce que la stratégie ?

Définitions

« *Stratégie* » vient de « *Stratos agos* » qui désigne le général qui va conduire l'armée. Le terme apparaît donc dans une **logique militaire** en Grèce au Vème siècle avant JC.

Plusieurs définitions sont données dans la littérature :

« *La stratégie est la **formulation des missions premières, intentions et objectifs** ; des **politiques et programmes** destinés à les réaliser ; et des **méthodes** permettant de garantir que ces programmes seront implémentés pour atteindre les fins de l'organisation* » (Steiner & Miner)

« *La stratégie est un **modèle d'allocation de ressources** qui permet aux firmes de **maintenir ou améliorer leurs performances**. Le management stratégique est le processus au travers duquel les stratégies sont identifiées puis implémentées* » (Barney)

« *La stratégie est une sorte de **lien entre la firme et son environnement*** » (Grant)

« *Le management stratégique est le **processus au travers duquel une organisation formule ses objectifs et gère ses réalisations*** » (Hatten)

La stratégie est donc :

- □ Un ensemble des **choix** et des **décisions**

- □ Qui portent sur les **objectifs de long terme**

- □ Qui définissent les **modalités d'action** et **l'allocation des ressources**

- □ Pour assurer la **performance** et la **pérennité** de l'entreprise.

En résumé, la stratégie est **UN BUT + DES MOYENS** :

- □ Là où l'entreprise veut aller.

- □ Le chemin qu'elle prend pour y parvenir.

Dernier point important, la stratégie doit se voir comme des **décisions** qui impliquent **l'ensemble de l'entreprise**.

La place de la stratégie dans l'entreprise

Pour identifier la place de la stratégie dans l'entreprise, on distingue **trois niveaux** :

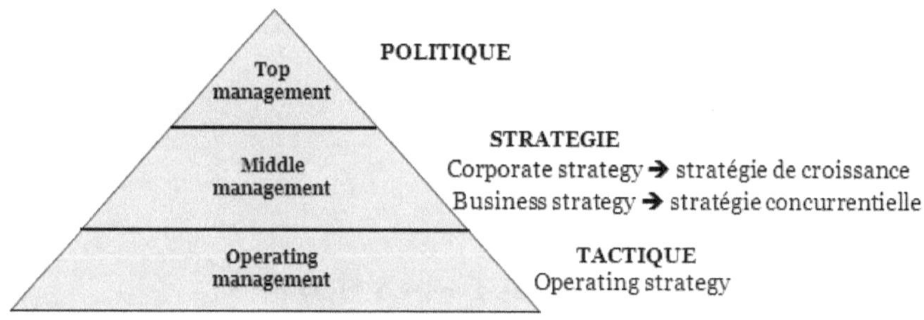

Adaptation de La boite à outils de la stratégie, Bertrand Giboin

Politique : choix des **orientations générales** de l'entreprise, de sa **mission**, de sa **vocation**, de ses **buts**. La politique d'entreprise est ainsi le **choix des domaines d'activité** dans lesquels l'entreprise entend être présente. Elle s'occupe aussi de **l'allocation de ressources** (financières, matérielles et humaines). Enfin, elle est en charge des **relations** que l'entreprise entretient avec son environnement **externe** et son organisation **interne**.

Les niveaux **stratégique** et **tactique** permettent de distinguer les **trois leviers stratégiques** :

- **Corporate strategy** : identifier les **moyens de croitre** au niveau de l'entreprise en assurant l'équilibre, la compétitivité et la pérennité du portefeuille d'activités. → **perspective dynamique**

- **Business strategy** : se positionner favorablement **face à la concurrence** pour chacune des activités. ➜ **perspective statique**

- **Operating strategy** : mener des **stratégies opérationnelles au quotidien** pour atteindre les objectifs fixés. ➜ **plan d'actions**

Stratégie déduite - stratégie délibérée

Il convient par ailleurs d'opérer les distinctions suivantes :

- Distinction entre **stratégie déduite** (adaptée à l'environnement) et **stratégie construite** (adaptée aux contraintes de la firme).

- Distinction entre **stratégie délibérée** (organisée, pensée, planifiée) et **stratégie émergente** (non planifiée).

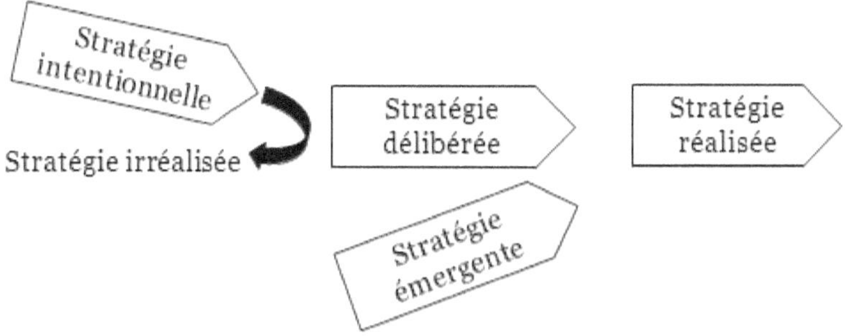

Modèle de Mintzberg et Waters (1985)

Aux origines de la stratégie

Avant la stratégie…

La victoire est une décision des dieux (comme le célèbre combat entre Achille et Hector, où la déesse Athéna et le dieu Apollon tirent les ficelles).

La stratégie se confond aussi avec une ruse de guerre comme le célèbre épisode du cheval de Troie.

Sun Tzu

Premier penseur de la stratégie, **Sun Tzu**. General chinois du VI ème siècle avant J-C, il est l'auteur de *L'Art de la guerre*, un ouvrage en 13 chapitres. L'originalité de sa pensée repose sur le primat de l'acteur sur les circonstances.

Pour Sun Tzu : « *L'art de la guerre, c'est de soumettre l'ennemi sans combat* ». La guerre est stratégie, mais **la stratégie n'est pas le combat**. Il note d'ailleurs que : « Jamais guerre prolongée ne profita à aucun pays ». **La stratégie est donc l'art d'atteindre des objectifs en minimisant les ressources et les inconvénients**. Il préconise plutôt l'usage de l'intelligence que de la force et un **usage intelligent de la force** (la force physique comme levier d'intimidation). La guerre n'a pas pour objectif la destruction de l'adversaire mais son **découragement**. Il soutient donc qu'il convient de **gagner la guerre avant de la faire**

Sun Tzu théorise également l'importance de l'information : « *Si tu ne connais ni ton adversaire, ni toi-même, à chaque bataille tu seras vaincu* ». Il défend ainsi la préparation, **la connaissance du terrain et des forces en présence**. Il faut **connaître sa propre situation** comme **celle de son ennemi** mais aussi s'intéresser aux **contextes géographiques** et **psychologiques ainsi qu'à la logistique**. Sun Tzu promeut une **réflexion approfondie** et une analyse des faiblesses de l'ennemi. A contrario, **l'action doit être légère**, en cohérence avec la réflexion. Autre enseignement : l''information étant essentiel, **je dois désinformer l'ennemi** (y compris par la ruse).

1944, préparation du débarquement en Normandie par les alliés en disposant des chars gonflables loin des lieux choisis pour le débarquement en guise d'intox

Pour Sun Tzu, un **échec stratégique** est donc toujours un **défaut de connaissance**.

Il plaide aussi pour l'intelligence stratégique : *« Une armée évite la force et frappe la faiblesse ».* *Il faut notamment* savoir s'adapter : *« Pour parvenir à la victoire, adapte ton action à la situation de l'ennemi ».* Sun Tzu plaide donc pour **l'adaptabilité** des armées aux **différents contextes** car *« Il n'existe pas dans la guerre de conditions stables ».* Il écrit aussi *« Ce qui dépend de moi je peux le faire, ce qui dépend de l'ennemi n'est jamais assuré ».* En conséquent : *« Le général doit **savoir l'art des changements** et savoir discerner, parmi les avantages ceux qui ont du prix et ceux qui n'en ont pas »*

Nicolas Machiavel

Autre penseur célèbre de la stratégie : **Nicolas Machiavel**. Théoricien politique italien de la Renaissance, il est l'auteur de *L'Art de la Guerre* et *Le Prince* (1532).

Sa vision de la politique et de la stratégie peut se comprendre ainsi : « *Vous devez donc savoir qu'il y a deux manières de combattre, l'une avec les lois, l'autre avec la force [...]* **Lorsque les lois sont impuissantes, il faut bien recourir à la force** ». Le monde est un champ de forces où s'opposent des volontés. **Il n'y a que la lutte, le combat, la guerre.** La guerre est un des temps de la négociation. En résumé : ruse, tromperie, **pour gagner, tout est permis.**

Staline : « *Le pape, combien de divisions ?* »

Carl Von Clausewitz

Carl Von Clausewitz est un officier prussien du début du XIXème siècle. Marqué par le traumatisme de la défaite d'Iéna contre Napoléon. Il expose sa vision de la stratégie dans *De la Guerre*, ouvrage publié en 1812.

Il remarque que Napoléon a remporté des victoires décisives en infériorité numérique. A Austerlitz. sa stratégie a en réalité été **se retrouver en supériorité numérique au point où la bataille a lieu.** Dans la nuit précédent la bataille, il déplace des troupes pour changer de position. A propos de la campagne de Russie de Napoléon, Clausewitz prédit avec succès que la supériorité stratégique de Napoléon disparaitra au fur et à mesure de l'allongement de ses lignes de communication. Il met ainsi en évidence **l'importance des moyens de communication.**

Pour Clausewitz, « *La guerre est la continuation de la politique par d'autres moyens que la politique* ». La négociation relève aussi de la conduite stratégique : « *il faut toujours considérer qu'avec la paix la fin est atteinte et que **la guerre a achevé sa tâche*** ».

Il met en évidence la notion de « *friction* » : **quelquechose de pourtant simple à définir n'est jamais facile à réaliser** (causes : pannes, erreurs, retards…). Par exemple, avec le « *brouillard de la guerre* », il est **impossible au chef de savoir exactement** ce qui se passe au moment où cela se passe. Il convient donc de **penser la guerre en réduisant au**

maximum les aléas liés aux combats par la multiplication des procédures. Clausewitz introduit ainsi l'idée d'une part non négligeable d'aléatoire. **Il faut tenir compte des probabilités : rationalisation du hasard et introduction de la technique.**

Autre grand principe de Clausewitz : « *La meilleure stratégie est toujours d'être très fort : très fort en général et très fort au point décisif* ». Pour l'emporter, il faut **s'assurer de l'ampleur des moyens à mettre en œuvre**. Il estime que **l'enjeu principal est la mobilisation des ressources** pour gagner en mobilisant davantage de ressources que son adversaire, en concentrant les moyens. Il préconise donc **l'approche directe avec attaques massives**, création d'un point fort, c'est à dire la **primauté de la force sur la ruse.**

Pour lui : « *La guerre est un acte de violence dont l'objectif est de contraindre l'adversaire à exécuter notre volonté* ». Par la **force** on peut contraindre durablement la volonté de l'autre. **Importance de la volonté** dans l'affrontement (dimension psychologique). La guerre est un « *affrontement entre deux forces vivantes* » dont chacune des parties peut choisir entre activité et passivité. En résumé, **Clausewitz défend l'emploi de la violence maximale afin de terrasser l'adversaire.**

Helmuth Von Moltke, lecteur de Clausewitz et bras armé de Bismarck applique à la lettre ces principes lors de la guerre de 1870 contre les français. Il masse un maximum de troupes en position favorable et anéantit l'ennemi lors de batailles décisives.

Basil Liddell Hart

Basil Liddell Hart, officier anglais de la Grande Guerre, est quant à lui un historien et stratège militaire. Il est l'auteur de *Strategy : the indirect approach* en 1954.

Il y distingue en effet deux façons d'atteindre un objectif : d'une part **l'approche directe**, **concentration de tous les moyens sur l'objectif**, c'est à dire avancée vers l'objectif par le chemin le plus court et le plus facile, au risque de créer un choc frontal. Et d'autre part **l'approche indirecte**, par dispersion des moyens et avancée par le chemin le plus difficile (ou le moins facile) pour **déstabiliser l'ennemi sur ses arrières et désorganiser ses voies de communication**. **Basil Liddell Hart recommande l'approche indirecte**. La stratégie est l'art de l'indirect et il est préférable d'éviter le choc frontal avec l'adversaire en contournant les positions où il est puissant pour contrôler ses positions.

La guerre de 1914-1918 marque l'échec de le l'approche directe. Des attaques massives et meurtrières reconnaissables par l'adversaire et qui n'atteignent pas leurs objectifs

Bonaparte et la campagne d'Italie en 1796. En infériorité de moyens, il utilise des approches indirectes et remporte de brillants succès en prenant l'ennemi par surprise

La stratégie indirecte est la « *stratégie du pauvre* », qui fait appel à son intelligence tandis que la stratégie directe est la « *stratégie paresseuse* » comptant uniquement sur la supériorité de la force.

Finalement, que retenir de la stratégie militaire ?

La décision stratégique se base sur la recherche la plus complète possible de **l'information** (Sun Tzu, Clausewitz). Une idée que l'on retrouve en entreprise avec la veille stratégique, tournée notamment vers l'observation de l'environnement concurrentielle, ou dans les audits interne, pour capter réaliser des diagnostics internes.

La liberté de manœuvre sur le champ de bataille, qui suppose **l'adaptation** (Sun Tzu). Une idée qui anticipe la liberté dans la gouvernance d'entreprise pour engager différentes stratégies au cours de la vie de l'organisation.

La **concentration des efforts** (Clausewitz) se traduit dans la stratégie d'entreprise par le **principe l'économie d'échelle** et la recherche de la **taille critique** pour afficher sa supériorité face à la concurrence.

L'approche technique, avec introduction de **probabilités** et de **procédures** (Clausewitz), se retrouve dans la décision et le management opérationnel avec la définition de processus, de procédures, de fiches de postes...

Au contraire, **l'approche indirecte** (Liddell Hart) est reprise par les entreprises pour **éviter la concurrence frontale**, en jouant sur la différenciation et l'innovation.

Mais beaucoup de différences...

Dans *De l'Esprit des Lois*, Montesquieu écrit : *« Le commerce guérit les préjugés destructeurs [...] partout où il y a des mœurs douces, il y a du commerce »*. L'entreprise est donc une organisation qui **crée de la valeur** (jeu à somme positive) alors que la guerre détruit de la valeur (jeu à somme négative).

La coopération : dans le jeu économique, l'entreprise est invitée à **coopérer** avec un ensemble de parties prenantes.

L'autonomie : là où la guerre est la soumission, notamment aux ordres et à la hiérarchie, l'entreprise repose majoritairement sur l' **autonomie** au travail.

Emergence de la stratégie d'entreprise

L'économie néoclassique

Léon Walras et Alfred Marshall dressent à la fin du XIXème siècle les grands principes de l'économie néoclassique :

- Hypothèses de **Concurrence Pure et Parfaite** (CPP).

- **Rationalité** des acteurs et **information parfaite**.

- **Atomicité de la firme**, simple entité de production.

- **Mécanisme des prix parfaitement flexibles** qui permet à la firme de prendre ses décisions et assure l'équilibre optimal entre les acteurs du circuit économique.

- **Equilibre général** et **allocation optimale des ressources**.

Léon Walras   Alfred Marshall

Le modèle néoclassique ne considère que **deux catégories d'acteurs** :

- Les **ménages** qui font des choix selon leurs préférences et sous contrainte des ressources à disposition.

- Les **producteurs** qui possèdent les moyens de production.

La firme est considérée comme une « ***boite noire*** »:

- Les **dirigeants** se confondent avec la **firme**.

- La firme n'a **pas de stratégie propre**.

- L'entreprise cherche à **maximiser la fonction de profit** qui guide ses choix. Le niveau de production dépend de la **productivité marginale**, et donc du coût de la dernière unité (principe du raisonnement marginal du monde néoclassique).

Les **limites** du modèle de Concurrence Pure et Parfaite sont cependant mises en évidence par Berle et Means de l'Université de Harvard :

- Les **prix** ne sont **pas si flexibles**.

- Apparition de phénomène de **monopole** et **oligopole**.

Modélisations des duopoles et premières stratégies :

- **Duopole de Cournot** : stratégie sur la quantité à produire.

- **Duopole de Bertrand** : stratégie sur le prix.

- **Duopole de Stackelberg** : stratégie leader/suiveur sur la quantité à produire.

Ces modélisations en duopole restent basées sur la maximisation du profit, hypothèse majeure du modèle néoclassique.

Cournot   Bertrand

La théorie des jeux

Le **dilemme du prisonnier** : coopération ou comportement individuel ?

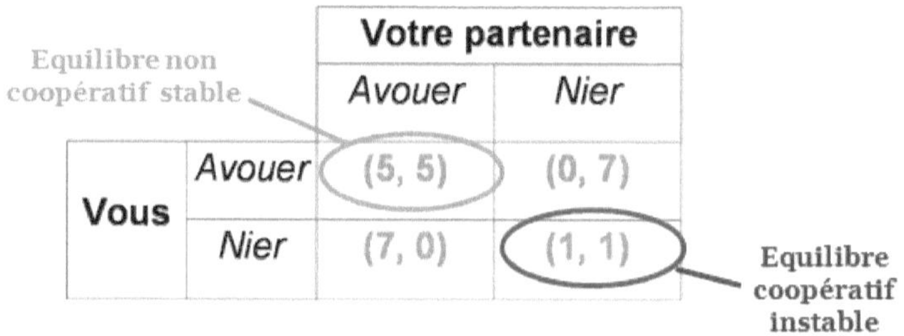

Alors qu'il préférable pour deux prisonniers de nier (1 an de prison seulement chacun), l'absence de concertation et la peur d'être dénoncé par son comparse (qui entrainerait la libération de celui qui parle et 7 ans de prison pour celui qui nie) les poussent à se dénoncer l'un l'autre. Ils sont condamnés à 5 ans de prison chacun, la solution la moins optimale.

La recherche de son propre intérêt ne débouche donc pas forcément sur l'intérêt collectif comme le stipulait l'économie classique et notamment Adam Smith. Une mise en évidence par John Nash qui prouve ici que **l'équilibre coopératif est instable**, et qu'au contraire, l'équilibre non coopératif est le plus stable.

John Nash

L'application aux firmes en duopole et tentant d'instaurer une collusion permet d'illustrer le phénomène d'**équilibre de Nash**.

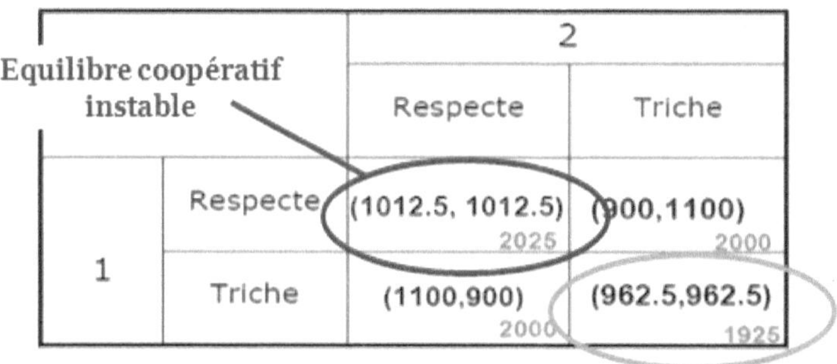

Les stratégies d'entente et de collusion entre deux firmes ne fonctionnent pas à long terme. La tentation d'une des firmes de ne pas respecter le pacte pour gagner une part plus importante de profit pousse à rompre l'équilibre coopératif, pourtant favorable aux deux firmes. Les deux entreprises sont renvoyés vers un **équilibre non coopératif stable, l'équilibre de Nash**, pourtant moins favorable aux deux firmes.

Pourquoi l'existence de la firme ?

L'économie néoclassique porte une contradiction :

- Si le système de coordination par les prix est le meilleur, pourquoi les firmes existent ?

- Pourquoi certains individus se coordonnent par la firme « *boite noire* » et d'autres par le système des prix ?

Une réponse est apportée par Ronald Coase dans *The Nature of the Firm (1937)*:

- **Hypothèse de l'existence de la firme comme système de coordination par l'entrepreneur** en alternative au système de coordination par le prix.

- L'origine de la firme est due à l'existence de **coûts de fonctionnement en ayant recours au marché** : l'organisation interne peut réduire ces coûts.

- L'entrepreneur joue donc une fonction de répartition des ressources à moindre coût. Le salariat assure des ressources de long terme.

- **Limite** : si le coût de coordination interne devient trop élevé.

Ronald Coase

Le rôle de l'entrepreneur

Qu'est-ce qu'un « *entrepreneur* » ?

- Celui qui a la fonction de **combiner des facteurs de production** (Jean-Baptiste Say).

- Celui qui va **imaginer l'entreprise**, porter **l'imagination créatrice**, et qui ne doit pas être confondu avec celui qui apporte les fonds (Joseph Schumpeter) : « *Nous appelons entrepreneurs les agents économiques dont la fonction est d'exécuter de nouvelles combinaisons et qui en sont les éléments actifs* ».

- Celui qui **transforme des ressources en idées** et **fait cheminer une idée en pratiques concrètes** par combinaison de ressources et d'actions (Saras Sarasvathy).

Jean Baptiste Say

Joseph Schumpeter

En résumé, l'entrepreneur :

- **Transforme des idées**, souvent fuyantes, **en projets rentables**, donc en argent (monétisation de l'invention, de l'idée).

- C'est un **innovateur** qui propose de **nouvelles combinaisons**, de nouvelles offres, ou **améliore l'existant**.

- Menace les produits existants par de nouveaux produits, à l'origine d'une « *destruction créatrice* » (Schumpeter), **contestant l'ordre existant des choses**.

- C'est un **créateur de valeur** à partir de ressources.

L'économie industrielle

Apparition du **champ de la stratégie d'entreprise** avec le courant de la « *Harvard Business Policy* » au début du XXème siècle, bouleversant le modèle néoclassique du « *signal prix* » walrasien.

Mise en évidence que la stratégie des entreprises est déterminée par les caractéristiques dominantes des **structures de l'industrie**, et par le **comportement** des firmes (Edward Mason).

Modèle SCP : Structure-Comportement-Performance (Bain/Mason) :

- Les structures des industries influencent les comportements.

- Les comportements déterminent la performance.

Le modèle SCP est resté le modèle de référence pendant un demi-siècle et a jeté les bases de **l'économie industrielle**.

Postulats de l'économie industrielle (W. Shepherd) :

- Les firmes cherchent les plus **grandes parts de marché** pour **augmenter leur profit**.

- Les firmes sont en **compétition**, ce qui a pour conséquences de **réduire les prix, d'augmenter l'efficience et la performance** des firmes et de **stimuler l'innovation**.

- Si une firme s'octroie une part de marché élevée, elle peut imposer son **pouvoir de marché** et de **monopole**, bénéfique pour elle, mais qui a un **coût social** : inefficience des ressources engagées, faible innovation, moins de liberté et moins bonne répartition des richesses.

- Les **coûts sociaux du monopole** peuvent se justifier si l'influence des économies d'échelle est essentielle pour le secteur (monopole naturel).

Apparition de la stratégie

Premiers travaux de Frederick Taylor (1911) et Henri Fayol (1916) sur la fonction de direction de l'entreprise : **conception centralisée de l'entreprise avec une direction générale qui fixe les objectifs**.

En complément, les travaux d'analyse de la croissance de la firme d'Edith Penrose dans *The Theory of the Growth of the Firm* (1959) :

- L'entreprise est vue comme une **collection de ressources productives**, incluant les individus et les ressources physiques.

- L'organisation consiste à **combiner ensemble ces ressources** pour produire un **avantage concurrentiel**.

- L'avantage concurrentiel dépend donc moins des conditions externes que d'un savoir-faire pour organiser et combiner des ressources internes.

- En résumé : **il ne sert à rien de posséder des ressources si on ne sait pas s'en servir**.

Frederick Taylor   *Henri Fayol*

Travaux d'Alfred Chandler (1962) sur la relation entre allocation des **ressources**, **structure** de l'entreprise, **valeurs** des dirigeants et **objectifs** de long terme de la firme.

Travaux de Peter. Drucker (années 1960) : notion de **direction par objectifs** (décentralisation des objectifs stratégiques à chaque direction).

Peter Drucker

Igor Ansoff (1965) définit la **démarche stratégique** en trois étapes :

- 1. Définir la **stratégie**

- 2. Définir la **structure adaptée**

- 3. Définir les **critères de fonctionnement** et d'**évaluation de la structure**

Pour Igor Ansoff : « *Les **décisions stratégiques** portent essentiellement sur les **problèmes** non plus internes mais **externes** de l'entreprise et plus spécialement sur le **choix des produits** qu'elle fabriquera et les marchés au travers desquels est les vendra.* ».

L'approche des années 1960 est orientée pour l'essentiel sur la **planification stratégique**.

Igor Ansoff

1960 : domination de l'Université de Harvard avec son cadre d'analyse, la **modélisation des schémas de décision** (modèles LCAG et SWOT).

1970 : travaux portants sur **l'analyse de l'environnement** de la firme, la **compétitivité** et le **portefeuille d'activités** (matrice BCG).

1980-1990 : quête des **sources d'avantages concurrentiels** (travaux de Michael Porter, notamment les forces de Porter).

2000 : étude de la « *Nouvelle économie* » (**innovation** et **connaissance**).

2010 : phénomène d'**hypercompétition**, de **digitalisation**, et de **RSE**.

Et pourtant...

La plupart des entreprises n'ont pas de stratégies !

- La plupart des dirigeants **se refusent à faire des choix** : quels clients adresser ? quels produits ? quel positionnement ?

- A la place, **les objectifs sont très généraux** tel que le fameux « devenir un acteur de référence de notre secteur… ».

- Pour Michael Raynor, **le paradoxe de la stratégie** est que l'entreprise navigue dans un contexte d'incertitude où il est complexe de faire des choix, synonyme de prise de risques. Ne pas faire de choix, c'est éviter de se tromper.

- **Observation** : les entreprises très performantes et celles qui font faillites ont un point commun : elles ont une stratégie ! Ne pas avoir de stratégie permet de survivre, sans plus.

La nécessité d'une stratégie d'entreprise

Les métiers de l'entreprise

L'entreprise se compose d'une **multiplicité de directions**, et autant de **points de vue différents à coordonner**. Chaque direction défend ses **intérêts** et **sa propre stratégie** sans connaître celle des autres. Le processus de décision est le reflet de **l'équilibre des forces** internes en présence (enjeux personnels, formation de coalitions…). Ne pas oublier également que derrière une fonction, se cache aussi un **individu**.

La gouvernance d'entreprise

Qu'est-ce que la **gouvernance** d'entreprise ?

- **Un processus** définissant le rôle et les objectifs de l'entreprise.

- **Une structure managériale** pour atteindre ces objectifs.

On observe **une évolution de la gouvernance d'entreprise** dans les années 1980, avec le passage d'un « *capitalisme managérial* » à un « *capitalisme actionnarial* » ou « *shareholder* » (avec en appui la théorie de l'agence de Jensen et Meckling, 1976). Actuellement nous assistons pourtant à une remise en cause de ce modèle « *shareholder* » pour une meilleure prise en compte de l'ensemble des parties prenantes ou « *stakehorders* ». Avec notamment l'émergence de la Responsabilité Sociale de l'Entreprise (RSE) et la prise en compte des **externalités**.

Dans ces dernières évolutions, la gouvernance d'entreprise tend donc à prendre en compte le **rôle social de la gouvernance**, à l'origine de **tensions** entre modèle économique et enjeux sociétaux.

Le rôle d'une direction générale

La direction générale a une **double fonction** au sein de l'entreprise : un rôle de **gestion** et un rôle de **management**.

Un rôle de **gestion** :

- **S'assurer du bon fonctionnement de l'entreprise** à l'aide des techniques opérationnelles (comptabilité, finance, marketing…).

Un rôle de **management** :

- Formuler les **grandes orientations générales**.

- S'assurer de leur **mise en œuvre**.

- S'assurer de la conduite de **l'organisation** et la **coordination**.

- Posséder une forte **dimension humaine**.

- Posséder une forte **dimension politique** pour réguler les jeux de pouvoir, les jeux politiques internes et externes.

La nécessité de définir une stratégie d'entreprise

La direction générale doit donc faire face à la **complexité de l'action collective** et à une grande **solitude** dans la **prise de décision**. Cela renvoie à la **nécessité d'établir une stratégie pour coordonner et aligner** l'ensemble des points de vue (internes et externes). **En l'absence de stratégie** tranchée, des points de vue et des objectifs opposés provoquent des **conflits** et des **dysfonctionnements**.

L'environnement économique et social

Mondialisation

Nous assistons à un **phénomène d'ouverture et d'élargissement des frontières** ces dernières décennies. L'internationalisation semble pouvoir améliorer la performance des entreprises grâce à la réduction des coûts de production, à l'amélioration de l'image de marque, en tirant parti d'opportunités nouvelles mais aussi en réduisant les risques…

Les facteurs de globalisation d'après George Yip :

- **Facteurs de marché** : les consommateurs présentent des besoins de plus en plus similaires à travers le monde.

- **Facteurs de coûts** : possibilité de bénéficier d'économies d'échelle ou de sous-traitance dans des pays à bas coûts…

- **Facteurs gouvernementaux** : les politiques gouvernementales sont plus favorables à la mondialisation à travers des politiques de normalisation et de convergence mondiale…

- **Facteurs de compétitivité** : la mondialisation favorise la concurrence par l'ouverture aux nouveaux marchés.

Mais la mondialisation rencontre des **limites** :

- **Sous-estimation des difficultés** de l'internationalisation.

- **Coût d'adaptation** aux marchés élevés.

- **Conditions culturelles et institutionnelles** différentes.

- **Coûts de coordination** et de gouvernance élevés.

Certains facteurs poussent même à **réduire l'internationalisation** :

- **Manque de ressources financières**, qui conduisent à un arbitrage entre les différentes géographies.

- **L'expansion à l'international a parfois été trop rapide**, ce qui a dégradé la performance globale de l'entreprise.

- Intervention des actionnaires car pas de **rentabilité court terme**.

- **L'avantage concurrentiel** (coût, différenciation) est **trop faible**.

On constate d'ailleurs de plus en plus d'opérations de recentrage géographique à l'image par exemple de Carrefour qui s'est désengagé en 2012 de la Colombie, Malaisie, Indonésie.

Une chaine de valeur mondialisée

Les **frontières entre l'entreprise et son environnement** sont de plus en plus difficiles à définir.

L'économie s'oriente vers une **entreprise en « *réseau* »** faisant intervenir une multitude d'acteurs juridiquement indépendants les uns des autres.

Cette **chaine valeur globale et mondialisée** avec la multiplication des acteurs en interne et en externe a tendance à **complexifier les contrôles** et à **diluer la responsabilité** de chaque acteur.

Libéralisation des marchés

La **tendance de fond** depuis la fin des années 1970 tend vers une forte libéralisation de l'économie :

- Vers une **déréglementation** des marchés. Exemple avec la déréglementation du transport aérien aux Etats-Unis en 1978 et en Europe en 1994.

- Une **multiplication des accords de libre-échange** : Union européenne, CETA, Mercosur…

- Une **intensification de la concurrence** au point de parler d'hypercompétition.

Mais une internationalisation qui rencontre des limites :

- Une **protestation des** « *insiders* » contre la déréglementation (Taxi contre les VTC…).

- Une opinion publique de plus en plus **protectionniste** (opposition aux accords du CETA, Mercosur, Brexit, Trump…).

- Vers un retour à un **cycle protectionniste et à une guerre commerciale**, après un demi-siècle d'internationalisation et un cycle libéral engagé à la fin des années 1960… ?

Révolution technologique

Avec la digitalisation, la science devient une arme maitresse :

- Pression sur les prix : baisse du coût marginal, **effet déflationniste**.

- Accroissement de la **concurrence**.

- Phénomène « *Winner takes all* » (effet réseau, marché biface).

- **Convergence** mondiale de la demande.

- **Evolution rapide** des business models.

- Apparition de nouveaux métiers et **pénurie des talents**.

- Suppression des stocks avec le « *on demand* » (impression 3D).

Une accélération du temps et phénomène de « *Chrono-compétition* » :

- 1. Réfléchir vite

- 2. Décider vite

- 3. Etre présent sur le marché rapidement

- 4. Maintenir la rapidité

Jason Jennings et Laurence Haughton le soulignent d'ailleurs dans leur ouvrage titre : « *It's not the big that eat the small, it's the fast that eat the slow* ».

Crise économique et financière

Un monde perpétuellement en crise et un monde de bulles :

- 1973 : premier choc pétrolier.

- 1979 : deuxième choc pétrolier.

- 1987 : Krach d'octobre sur les marchés obligataires et actions.

- 1997 : crise économique asiatique.

- 1998 : défaut sur la dette en Russie.

- 2000 : éclatement de la bulle internet.

- 2001 : crise économie en argentine.

- 2007-2009 : crise des subprimes (titrisation immobilière).

- 2009 : crise grecque (endettement).

- 2010 : crise espagnole (bulle immobilière).

- 2014 : crise du rouble (sanctions post-annexion de la Crimée).

- 2015 : Krach boursier en Chine.

- 2018 : Crise économie en Argentine (inflation galopante).

Comme on le voit, **le temps s'accélère et l'instabilité s'accroit !**

L'entreprise et son environnement

La relation de l'entreprise avec son environnement s'est progressivement décalée. D'abord l'interaction avec les **marchés**, puis au sein de la **société** et désormais avec l'ensemble de **l'écosystème biologique**.

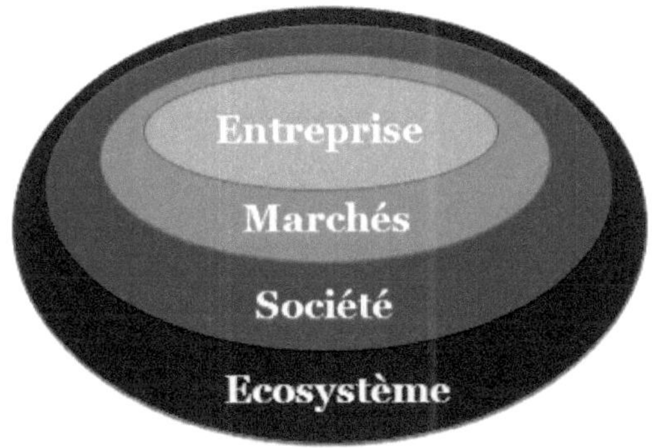

Adaptation de Management stratégique, 10ème édition

Les parties prenantes

On parle de « **parties prenantes** » **ou** « **stakeholders** » : acteurs qui peuvent affecter ou être affectés par l'activité de l'entreprise (Freeman, 1984).

- **Parties prenantes primaires** : qui jouent un rôle déterminant comme les actionnaires, les salariés, les clients, les fournisseurs…

- **Parties prenantes secondaires** : qui ont une influence forte comme les banques, la communauté financière, les syndicats, les distributeurs, les revendeurs, les franchisés, les sous-traitants, les associations de consommateurs, les collectivités territoriales…

- **Parties prenantes émergentes** : qui ont de plus en plus d'importance comme les associations, les ONG, les médias…

Le développement de l'entreprise dépend de sa **collaboration avec les parties prenantes** et du mode de gestion établi avec celles-ci.

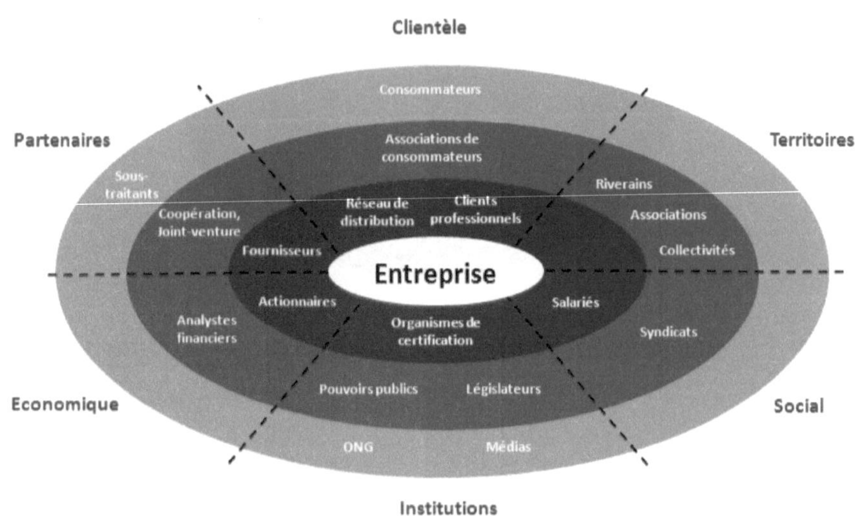

Adaptation de www.portail-rse.fr

La Responsabilité Sociale de l'entreprise

La « RSE » (Responsabilité Sociale de l'Entreprise) : c'est la protection à long terme des intérêts de toutes les parties prenantes. Elle consiste à prendre volontairement en compte les préoccupations sociales et environnementales de tous les acteurs.

Elle renvoie à plusieurs notions et démarches :

- **L'éthique :** règles et principes qui définissent la conduite de l'entreprise.

- **Chartes éthiques :** déontologie, code de bonne conduite mis en place et répertoriant les valeurs de l'entreprise.

- **Morale :** distinction entre le mal et le bien, le juste et l'injuste.

Les enjeux éthiques

Quelle place pour les enjeux éthiques dans une décision de gestion ?

- **Objectifs** de l'entreprise : **maximiser ses profits et sa valeur**.

- Dans le respect des contraintes légales.

- Dans le **respect d'une éthique individuelle** ? Dans le **respect des enjeux sociétaux** ?

- La question qui se pose : les enjeux éthiques et sociétaux sont-ils pris en compte dans votre processus de décision ?

La **prise en compte des enjeux éthiques** dépend :

- De votre expérience/connaissance du terrain.

- De la responsabilisation de chacun.

- De la culture d'entreprise.

Le nouvel enjeu des ressources naturelles

Héritage des modèles néoclassiques, les ressources utilisées par l'entreprise se sont longtemps cantonnées au duo **capital-travail**. Le **travail** représentant le temps de travail et le savoir que les salariés apportent à l'entreprise en échange d'une rémunération et le **capital** comme les moyens apportés par les actionnaires et les investisseurs, notamment les banques, en l'échange d'un dividende ou d'un intérêt. La création de valeur ne dépendant alors que de ces deux seuls « *inputs* ».

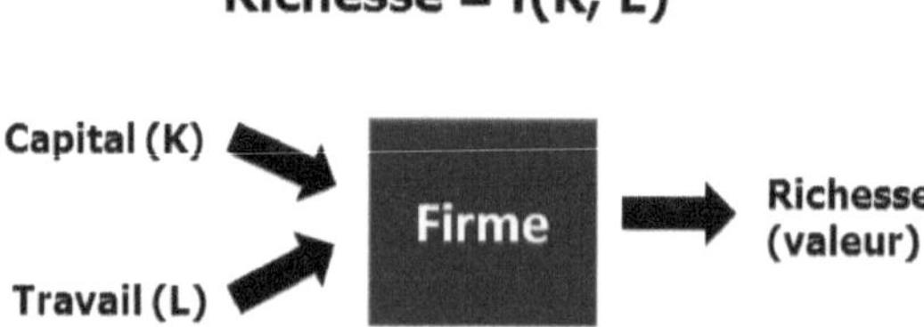

L'émergence des problématiques autour des **ressources naturelles**, notamment l'accès aux matières premières et à l'énergie tend à remettre en question le modèle existant. D'un monde où les ressources naturelles étaient considérées comme infinies, l'entreprise prend désormais conscience de leur **prix** et de leur **rareté**. Les ressources naturelles, incorporées dans les produits et les procédés de fabrication, ne sont pas renouvelables, elles sont en quantité limité, et leur coût actuel, relativement modeste, ne reflète pas cette rareté. **Les ressources naturelles deviennent donc le nouveau facteur limitant**.

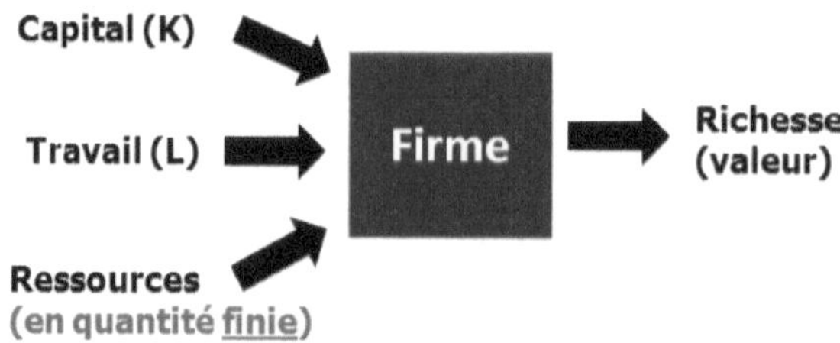

L'économie circulaire

L'économie circulaire (ou développement durable) prône la **revitalisation** avec pour objectif de **préserver** les produits, les composants et les matériaux et de faire en sorte que leur utilité perdure au fil du temps. Les entreprises peuvent se développer sans avoir à compter lourdement sur des **ressources limitées**. Cela passe par une efficacité accrue au niveau des opérations et de la logistique. Cela permet **d'obtenir des avantages concurrentiels** sur leurs rivaux par le biais notamment de **nouvelles approches** :

- **Recyclage en circuit fermé** : utiliser les déchets pour créer de nouveaux produits sans changer les propriétés intrinsèques du matériau recyclé. Exemple : Dell a mis en place une chaine logistique en circuit fermé afin de mieux exploiter le plastique utilisé dans ses produits. Lorsque les appareils électroniques Dell sont recyclés, les partenaires de l'entreprise trient le plastique et le revendent de manière à ce qu'il soit réutilisé.

- **Choisir la location plutôt que la vente** : mise en vente de l'usage des biens et non les biens eux-mêmes. Le consommateur doit retourner le bien en fin de vie, il ne le possède pas. Exemple : les voitures électriques de Renault. Les acheteurs doivent louer les batteries à l'entreprise. De cette façon Renault pourra recycler convenablement celle-ci en fin de vie.

- **En finir avec la production à tout va** : reconditionner les produits pour accroitre la longévité. Beaucoup d'entreprises vont ainsi récupérer les produits en fin de vie pour les remettre à neuf, soit en les réparant, soit en remplaçant les pièces usées. Exemple : Caterpillar qui remet à neuf ses machines. Des pratiques qui présentent beaucoup d'avantages environnementaux (réduction de gaz à effet de serre, de consommation d'eau, d'énergie).

- **L'économie du partage** : alternative possible à l'allongement de la durée de vie des objets. Au lieu d'accroitre la production d'objets réduire leur nombre pour éviter les gaspillages. Exemple : Blablacar (covoiturage, mutualisation des voitures).

Vers une logique d'écosystème collaboratif

L'entreprise ne se contente plus de vendre un bien ou un service mais tout un **écosystème**. Elle se dirige vers une maitrise de l'ensemble du cycle conception-production-distribution (exemple : Amazon) pour proposer une **offre globale**, notamment **l'ensemble des produits ou services complémentaires**. Exemple avec SNCF pour les services de mobilité : train, auto-partage, vélo libre-service, taxi, VTC, parking… Ces nouveaux écosystèmes poussent à développer une **dimension communautaire** portée par les applications mobiles (Blablacar, Uber…).

Vers un changement de perspective

Les termes changent, les **perspectives** évoluent :

- On ne fonctionne plus en élaborant un **plan** mais en s'organisant par **projet.**

- On ne fonctionne plus par des **structures** rigides à l'ancienne mais en profitant de l'agilité des **réseaux.**

- Fini les **procédures** pour assurer la standardisation et la coordination des acteurs, place à l'élaboration d'une **culture** et aux mécanismes **d'incitations**.

- Fin du **management scientifique** hérité de Taylor, l'heure est à la **flexibilité**.

- L'heure n'est plus à **l'exportation** d'un pays à l'autre mais à une approche globale des entreprises tournée vers la **mondialisation**.

- A l'heure de la digitalisation et du big data, on ne parle plus de **marketing** mais de **gestion des relations clients**.

- Alors que **l'entreprise** était une entité restreinte à la sphère **économique**, on parle désormais **d'entreprise citoyenne**.

- Aux problématiques classiques de **gouvernance d'entreprise** s'est substituée la l'arbitrage entre modèle « *shareholders* » et modèle « *stakeholders* ».

En résumé, **l'entreprise doit faire face à un environnement de plus en plus complexe !** Elle ne doit pas hésiter à remettre en question sa stratégie en fonction des changements de l'environnement

La démarche stratégique

La démarche de la réflexion stratégique

La démarche de réflexion stratégique se décompose en **quatre étapes** successives :

- **1. Mission** : point de vue du management sur la valeur que l'entreprise apporte à la société sur le long terme.

- **2. Vision** : l'intension stratégique du dirigeant. C'est l'image établissant l'état futur souhaité de l'entreprise, l'aspiration à long terme. La vision met en cohérence la mission avec les cibles et les performances spécifiques.

- **3. Stratégie** : sélection des moyens à partir desquels la firme réalise sa mission et ses objectifs (cibles identifiées, performances attendues).

- **4. Tactique** : ensemble des actions collectives consistant à réaliser la stratégie sélectionnée.

Plan d'élaboration de la stratégie

1. **Diagnostic stratégique (<u>contexte</u>) :**

   - Diagnostic externe (environnement, parties prenantes).

   - Diagnostic interne (capacités, ressources).

   - Synthèse des diagnostics (externe, interne).

2. **Choix stratégiques (<u>contenu</u>) :**

   - Stratégie du groupe (corporate) ➔ comment croitre ?

- Stratégie par activité (business) ➜ quels avantages concurrentiels pour chaque activité ?

- Modalités de développement (internes, externes, partenariats).

3. **Déploiement stratégique (<u>processus</u>) :**

- Mise en place de l'organisation.

- Mise en cohérence de la structure avec la stratégie.

- Mise en place du management, des procédures et de la conduite du changement.

La démarche stratégique est-elle une démarche top-down ?

La stratégie est souvent vue comme une prérogative du sommet (**approche top-down**) : c'est le plus souvent le cas !

Mais il y a des **exceptions** :

- Exemple : à ses débuts, Intel travaille sur les semi-conducteurs et les circuits intégrés. Elle intègre le marché des microprocesseurs par des innovations de ses ingénieurs sur le terrain.

- De plus en plus d'entreprises s'intéressent à des **démarches bottom-up** : mise en place de l'intrapreneuriat, décentralisation en business unit pour renouveler la pensée stratégique, politique d'innovation participative (rémunération des idées, des brevets).

Quelques typologies de stratégies d'entreprise

De façon non exhaustive, il est possible de distinguer **quelques grands types de stratégies d'entreprise**, notamment selon leur niveau de planification, l'importance du leader dans la prise de décision, les contraintes de l'environnement qui pèsent sur l'entreprise :

- **Stratégie planifiée** : au cours de laquelle les intentions sont précises et articulées par un comité de pilotage.

- **Stratégie entrepreneuriale** : dépend d'un leader capable de s'adapter aux opportunités.

- **Stratégie idéologique** : selon les valeurs partagées.

- **Stratégie ombrelle** : stratégie de haut niveau, laissant de la flexibilité aux managers sur le terrain.

- **Stratégie déconnectée** : permet à une filiale de se désolidariser des actions de la firme mère.

- **Stratégie imposée par l'environnement** : les contraintes de l'environnement économique s'imposent à l'entreprise.

Le diagnostic stratégique

Objectif du diagnostic

Le diagnostic stratégique doit faire le bilan de la situation de l'entreprise au sein de son environnement et en déduire des implications sur l'évolution souhaitable de sa stratégie et de son positionnement concurrentiel. **C'est une démarche structurée et organisée** permettant d'analyser et de connaitre ses capacités et compétences ainsi que les caractéristiques de son environnement.

Le diagnostic doit répondre à deux questions : qui sommes-nous ? (objectif du diagnostic interne), **où sommes-nous ?** (objectif du diagnostic externe)

En fin de compte l'objectif vise à **limiter les risques et les pertes** de l'entreprise.

Distinction diagnostic interne/externe

Le diagnostic interne permet de caractériser le **potentiel d'action** et de ressources de **l'entreprise**.

- Déterminer **forces/faiblesses**.

- Etablir la **capacité stratégique**.

Le diagnostic externe permet de repérer les **influences environnementales** positives et négatives.

- Déterminer **opportunités/menaces**.

- Déterminer les **facteurs clés de succès** de l'environnement.

La confrontation du diagnostic interne et du diagnostic externe permet la **formulation d'objectifs et d'actions stratégiques**.

Segmentation stratégique

Avant de démarrer toute démarche de diagnostic, interne ou externe, la première question à se poser est : **sur quoi porte le diagnostic stratégique ?**

- Sur l'ensemble d'un groupe ?

- Sur une société du groupe ?

- Sur une business unit ?

Pour aider à établir un diagnostic stratégique, il convient d'abord de réaliser une **segmentation stratégique**. Un **segment stratégique** est un sous-ensemble homogène d'activités qui partagent les mêmes **technologies**, les mêmes **groupes de clients** ou les mêmes **besoins**.

Il existe donc **trois principaux critères** de segmentation stratégique :

- Technologique

- Groupe de clients

- Besoin satisfait

Un **secteur d'activité** ou **DAS** (Domaine d'Activité Stratégique) se caractérise par un de ces trois critères. Prenons l'exemple de la segmentation dans le transport aérien :

- Segmentation selon le **critère « *technologie* »** chez Airbus : famille d'appareils par capacité de passagers, longueur de la mission (court-courrier avec l'A320, moyen-courrier avec l'A330, long-courrier avec l'A380).

- Segmentation selon le **critère « *groupe de clients* »** sur beaucoup de compagnies aériennes avec un découpage entre première classe, classe affaire et classe économique.

- Segmentation selon le **critère « *besoin satisfait* »** pour Air France KLM Group avec plusieurs filiales en fonction des destinations géographiques (les vols Air France et KLM pour les vols internationaux, Air France Hop et KLM Cityhopper pour les vols européens régionaux, et Transavia pour les vols moyen-courriers dans la zone méditerranée).

Le diagnostic externe

Principe du **diagnostic externe** : repérer et analyser les facteurs environnementaux qui peuvent avoir une influence, positive ou négative, effective ou potentielle, sur le développement et la performance de l'entreprise.

Définition de **l'environnement** : cadre au sein duquel l'entreprise exerce son activité et se développe. Il est composé d'éléments externes à l'entreprise qui influencent son développement et son potentiel de croissance.

Les **trois enjeux** du diagnostic externe:

1. Repérer les éléments environnementaux significatifs/influents.

2. Les hiérarchiser.

3. En déduire les objectifs et actions stratégiques.

Facteurs clés de Succès (FCS): éléments stratégiques (compétences, ressources, actifs) qu'une entreprise doit maitriser en priorité dans un secteur ou sur un segment donné pour surpasser la concurrence. **Une meilleure maitrise des FCS du secteur** par rapport à la concurrence permet de créer une offre de valeur supérieure qui **assure un avantage concurrentiel**. Celui-ci doit être **décisif, durable** et **défendable**. Les facteurs clés de succès peuvent ainsi être par exemple : la connaissance du marché, le rapport qualité/prix, la maitrise des coûts, l'innovation technologique…

Quelques exemples de Facteurs Clés de Succès :

- FCS de Nespresso : *marque forte, innovation technologique, capital client, expérience nouvelle, partenariats fournisseurs*

- FCS de Renault : *originalité, qualité, prix, coût de production, innovation*

- FCS de Netflix : *qualité de diffusion, coûts d'investissement, catalogue de contenus, rapport qualité/prix, innovation technologique*

- FCS de XO éditions : *volumes de ventes (pas la largeur de l'offre, limité, mais des best sellers).*

- FCS de LVMH : *qualité des produits, image de marque.*

- FCS de Puma : *design original, image de marque.*

- FCS de Nintendo : *convivialité avec la Wii (vs puissance pour Microsoft et Sony).*

Méthode pour évaluer un avantage concurrentiel avec les FCS :

1. **Lister les principaux FCS** et les noter de 0 à 5.

2. **Analyse graphique par représentation radar** en positionnant les principales forces et faiblesses pour chaque FCS.

3. En reliant chaque point, on obtient une **aire de compétitivité** de l'entreprise.

Exemple avec quelques FCS :

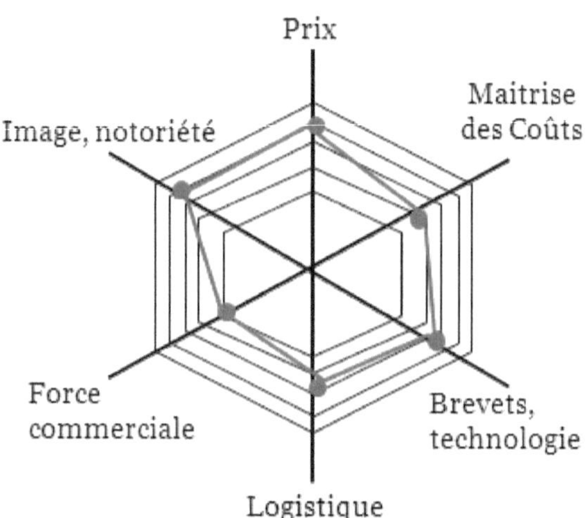

On distingue **trois niveaux d'analyse** pour le diagnostic externe :

*   **Macro-environnement** : facteurs globaux ayant un impact sur l'ensemble des entreprises.

*   **Méso-environnement** : l'ensemble des entreprises proposant des offres proches et l'environnement directement impactant.

*   **Micro-environnement** : les concurrents directs.

Les **étapes** du diagnostic externe et les **outils associés** :

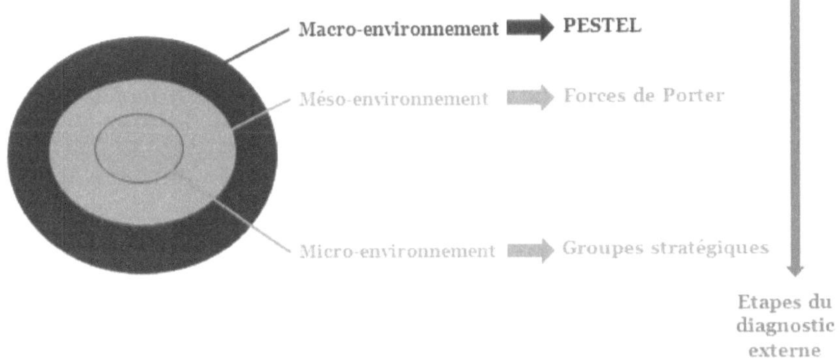

D'après Stratégie, Openbook, Franck Brulhart, Christophe Favoreu, Sandrine Gherra

L'ensemble des outils de diagnostic externe permettent de dégager **deux grandes formes** de résultats :

- Les **opportunités**

- Les **menaces**

Le modèle PESTEL

Son objectif est de déterminer les **caractéristiques générales de l'environnement** qui sont susceptibles d'influencer significativement le développement de l'entreprise et sa stratégie future. Il permet :

- De caractériser et comprendre le contexte actuel.

- D'anticiper les évolutions futures.

- De déduire les conséquences stratégiques.

Principe du PESTEL : dresser un listing, une check-list de description de l'ensemble des caractéristiques environnementales.

Comment utiliser l'outil PESTEL : se concentrer sur les tendances significatives, lourdes et durables qui auront une influence majeure sur le développement de l'activité. Classer et hiérarchiser les informations en fonction de différents critères (importance de l'impact, horizon temporel, nature…).

Les six dimensions du PESTEL : Politique, Economique, Social, Technologique, Environnemental, Légal.

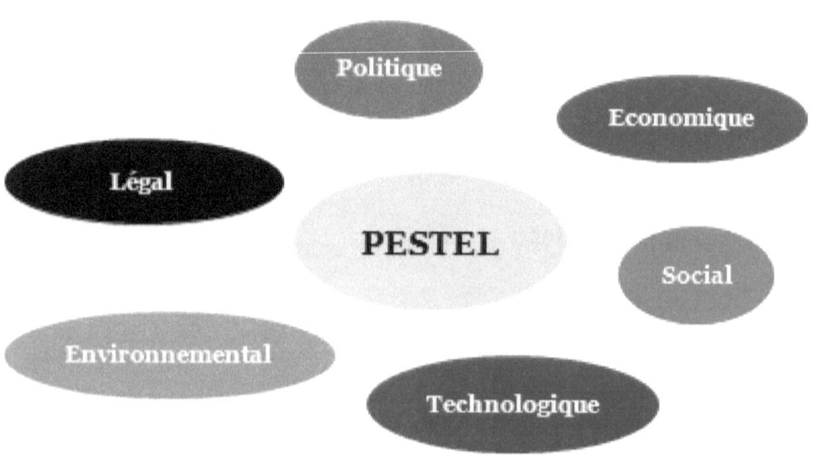

Pour chacune de ces 6 dimensions il est possible de dégager les principaux éléments à observer dans le cadre du diagnostic comme lister ci-après.

Dimension Politique :

- Stabilité du gouvernement, des institutions.

- Attitude vis-à-vis du secteur privé, de l'entreprise, de la concurrence.

- Politique monétaire et budgétaire.

- Politique du commerce international (importation exportation).

- Politique sur la recherche.

Dimension Economique :

- Niveau du PIB.

- Niveau de l'inflation et du chômage.

- Taux d'épargne et d'endettement.

- Evolution des salaires.

- Pouvoir d'achat des ménages.

- Dynamisme dans la création d'entreprise.

- Structure économique (poids des secteurs d'activité).

Dimension Sociale :

- Pyramide des âges.

- Taux de natalité, vieillissement.

- Dépenses en consommation.

- Evolution sociologique : urbanisation, mobilité.

- Evolution des structures (CSP, population active…).

Dimension Technologique :

- Apparition de nouvelles technologies.

- Présence de clusters, de pôles de compétitivité.

- Poids du financement de la R&D (public ou privé).

- Emergence de standards technologiques.

Dimension Environnementale :

- Prise de conscience écologique.

- Consommation de produits alternatifs.

- Poids des ONG, lobbys, groupes de pressions.

- Recyclage.

- Gestion des déchets.

- Economies d'énergie .

Dimension Légale :

- Normes techniques et sanitaires.

- Droit du travail.

- Droit des sociétés.

- Réglementation fiscale.

- Réglementation financière.

- Lois sur la Responsabilité Sociale de l'Entreprise.

- Réglementation sur la concurrence et l'ouverture des marchés.

- Législation sociale.

Exemple de PESTEL : SONY

Politique	Economique	Socio-Culturel
Pays Emergents : politique instable pouvant modifier les contrôles d'import/export Présence globale de Sony: soumis aux lois d'échanges internationales (risque de changement des règles et lois)	Ventes de CD en chute libre Hausse du prix des matières premières et des composants électroniques Secteur du loisir touché en cas de crise économique Taux de change Yen/Dollars /Euro	Nouvelle habitude de consommation : ATAWAD Streaming Audio et Vidéo Jeux en ligne Jeux sur Smartphone Digitalisation des modes de vies

Technologique	Ecologique	Légal
Ère du numérique (forte concurrence) L'explosion du digital Technologie mobile Nouveau mode d'écoute avec le streaming (remplacement du CD) L'innovation comme FCS	Minimiser son empreinte carbone Sony, sustainable development Problème de recyclage des composants Renvoyer une image green de ses produits	Loi contre le téléchargement illégal Protection des données

Alternative au PESTEL, le modèle **SPECTRED** : **S**ocial, **P**olitique, **E**conomique, **C**ulturel, **T**echnologique, **R**églementaire, **E**cologique, **D**émographique

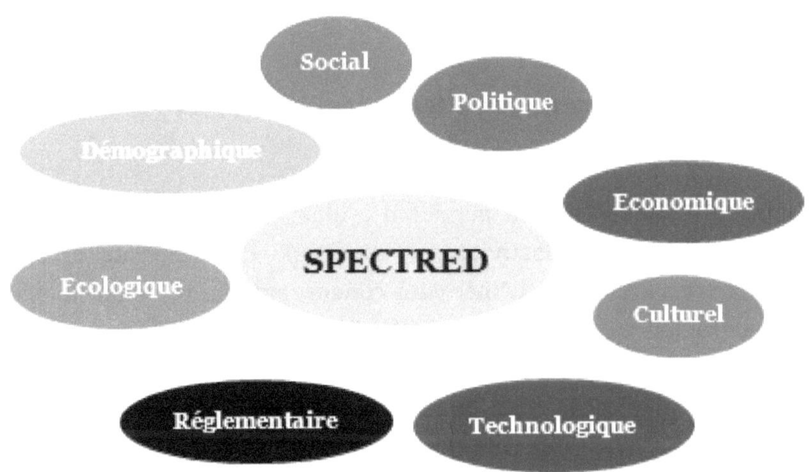

Exemple de PESTEL : Lafarge

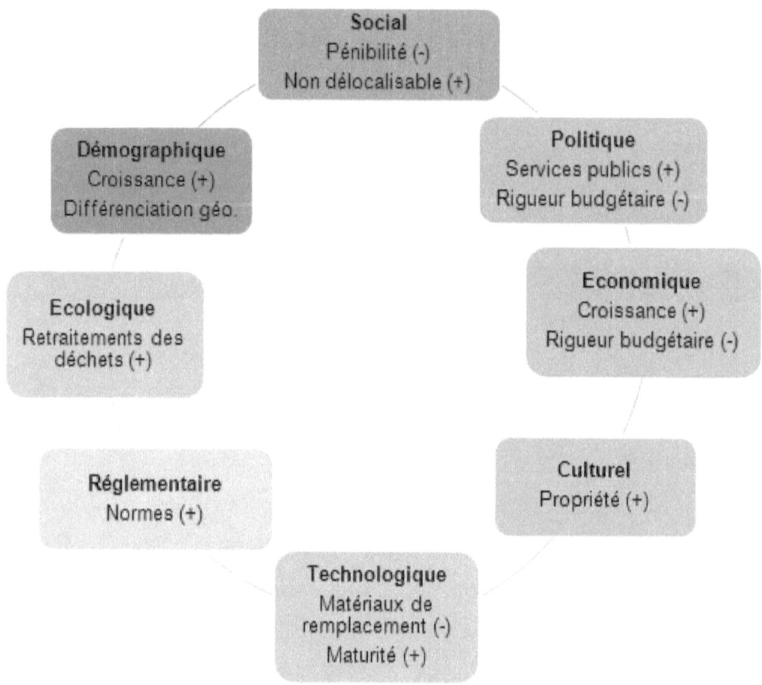

Intensité concurrentielle : les forces de Porter

L'analyse concurrentielle permet d'évaluer l'attractivité (actuelle et future) d'un secteur d'activité par une étude de l'intensité et de la structure concurrentielle. **L'intensité concurrentielle** mesurant le degré de concurrence. Le **niveau de profitabilité** d'un secteur dépend de son intensité concurrentielle : **plus la concurrence est intense, moins le secteur est profitable**. Une entreprise cherchera donc à améliorer sa position vis-à-vis de l'intensité concurrentielle.

Dans le **modèle de Porter**, l'intensité concurrentielle est le résultat de la combinaison, de la nature et de l'intensité de cinq forces concurrentielles.

Les **forces concurrentielles** caractérisent l'environnement direct ou concurrentiel de l'entreprise et déterminent **l'intensité concurrentielle du secteur**. Plus les forces concurrentielles sont importantes (pouvoir de pression élevé), plus l'attractivité du secteur est faible. L'analyse des forces de Porter est à réaliser pour chaque segment de l'industrie étudiée.

Le modèle de Porter propose une **prise en compte de la concurrence au sens large** en ne se limitant pas uniquement aux seules entreprises rivales, mais en intégrant des acteurs périphériques. Ces forces concurrentielles ont un pouvoir d'influence en s'accaparant une partie de la valeur créée au sein du secteur au détriment de l'entreprise. Elles sont donc en concurrence avec l'entreprise_sur la captation des profits générés et sont donc des acteurs rivaux. **Avec le modèle de Porter l'entreprise prend donc en compte tous les acteurs** dans son analyse concurrentielle.

Modèle des **cinq forces concurrentielles de Porter** :

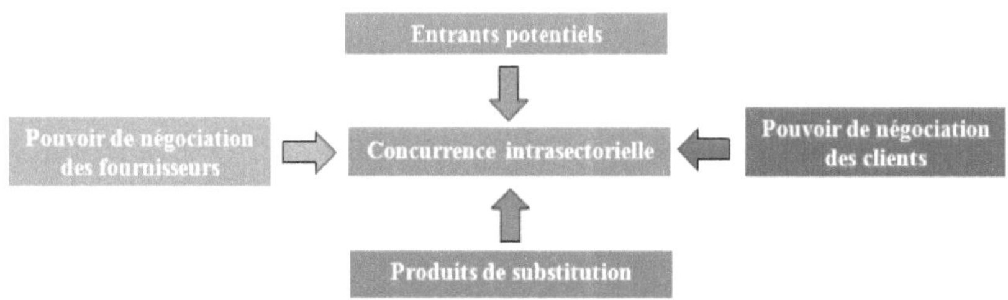

Ou des **six forces concurrentielles** ? La 6ème force étant **l'Etat** ou **les autorités** de régulation ou de réglementation.

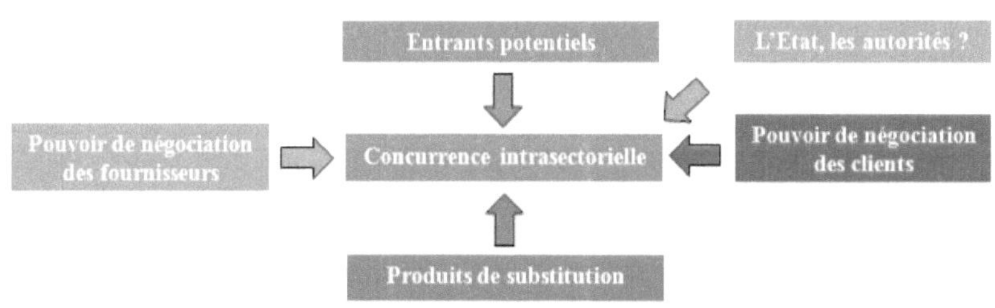

Il y a controverse autour de la sixième force de Porter. L'Etat, les collectivités territoriales, les institutions européennes peuvent fixer des taux d'imposition et attribuer des subventions, décider de normes, établir des numerus clausus, interdire ou promouvoir certaines activités, passer des marchés publics, concurrencer les acteurs privés (enseignement, transport, banque). Ce qui plaide pour prendre en compte cette force. Mais **Michael Porter s'y oppose**. Pour lui, les pouvoirs publics peuvent influencer les 5 autres forces, mais ne saurait être considérés comme une force à part entière. Refus en partie idéologique de Porter de considérer que les pouvoirs publics doivent jouer un rôle dans la concurrence.

Méthode d'analyse concurrentielle de Porter:

1. Passer en revue chacune des forces concurrentielles.

2. Identifier les données pouvant contribuer à chacune de ses forces.

3. Quantifier l'intensité concurrentielle de chacune des forces.

4. Déduire l'intensité concurrentielle résultante de toutes les forces. Plus les forces concurrentielles sont nombreuses et puissantes, plus l'attractivité et la profitabilité du secteur sont faibles.

5. Envisager les manœuvres et recommandations stratégiques.

Synthèse graphique des forces de Porter : le radar pour une visualisation de l'intensité concurrentielle (les forces sont notées de 0 à 5, 5 constituant une menace concurrentielle forte). Une aire importante révèle une concurrence forte.

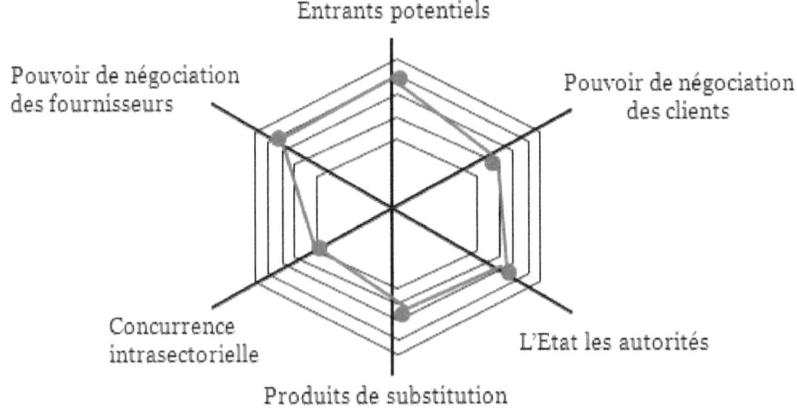

Le pouvoir de négociation des clients :

Le pouvoir de négociation des clients est la capacité pour le client à imposer ou influencer les conditions de l'échange (prix, qualité, quantité, délais de livraison, paiement) en sa faveur. Un fort pouvoir ou un rapport de force favorable aux clients constitue une menace sur le profit et les marges des entreprises du secteur. Le client peut être le consommateur final (BtoC), une entreprise (BtoB), un distributeur...

Eléments	Pouvoir fort	Pouvoir faible
Concentration des clients	Clients réduits et concentrés	Clients nombreux et dispersés
Caractéristiques de l'offre	Standard et homogène	Offre unique et différenciée
Contribution du produit fourni à la valeur de l'offre de l'acheteur	Faible	Importante
Coût de transfert supporté par l'acheteur en cas de changement	Faible	Fort
Existence de sources d'approvisionnement de substitution	Nombreuses	Limitées, voire nulles
Capacité de l'acheteur à assurer son propre approvisionnement	Forte	Limitée, voire impossible
Sensibilité des clients au prix	Forte	Faible

Adaptation de Stratégie, Openbook, Franck Brulhart, Christophe Favoreu, Sandrine Gherra

Le pouvoir de négociation des fournisseurs :

Les fournisseurs sont situés en amont du secteur analysé. Ils approvisionnent en biens ou en services. Il existe donc une pression entre l'entreprise et le fournisseur sur les prix, la qualité des prestations fournies et les délais de paiement. Des fournisseurs concentrés, proposant un bien ou une composante fortement différenciés qui contribuent de manière importante à la qualité du produit du client, auront un pouvoir de négociation élevé.

Les produits de substitution :

Ce sont des produits fournis par des entreprises appartenant à une autre industrie. Reposant sur des technologies différentes, ces produits remplissent des fonctions et des usages similaires. Le produit de substitution constitue une menace quand ils offrent un rapport qualité/prix plus avantageux et un niveau de performance plus élevé que les produits ou services de l'industrie étudiée. Les convergences et innovations technologiques sont généralement à l'origine de l'apparition de produit de substitution.

Les mesures prises pour contrer la pénétration du produit de substitution peuvent être la baisse des prix, l'augmentation de la différenciation produit, des actions de fidélisation et de communication…

Quelques exemples de produits de substitution : le smartphone qui remplace l'appareil photo, les plateformes de streaming musical (Spotify, Deezer, Apple music…) à la place des CD audio ou du format MP3, AirBnB qui concurrence les hôtels, les plateformes de covoiturage (Blablacar…) qui menacent la SNCF…

Les nouveaux entrants :

Ce sont les entreprises susceptibles de rentrer et de se développer dans le secteur d'activité. Elle se traduit par une augmentation du volume d'offre concurrente, et donc de l'intensité concurrentielle, ce qui constitue une menace pour la rentabilité du secteur. Leur arrivée s'accompagne généralement d'une guerre des prix de leur initiative, ou de celle des concurrents déjà installés. La riposte en innovation et différenciation, mises en place par les entreprises du secteur, génèrent des suppléments de dépenses et d'investissement, ce qui affecte les profits et marges. Les entreprises en place peuvent donc répondre notamment par la baisse des prix, l'innovation, la différenciation.

Facteurs de **menaces** :

- **Taux de croissance/niveau de rentabilité** : plus ils sont élevés, plus ils constituent un signal d'appel pour les entreprises désirant entrer sur le secteur.

- **Potentiel de rétorsion** : les capacités d'investissement, de financement, d'innovation élevées freinent les entreprises désirant entrer sur le secteur.

- **Barrières à l'entrée** : caractéristiques de l'industrie ou structurelle qui interdisent ou limitent la possibilité pour les entreprises extérieures de pénétrer l'industrie ou le secteur d'activité.

- **Barrière de sortie** : caractéristiques qui rendent difficile la sortie du secteur d'activité (économique, politique, historique, psychologique...).

Les nouveaux entrants représenteront une menace d'autant plus forte que : les taux de croissance sont élevés, les barrières à l'entrée et à la sortie sont réduites, le potentiel de rétorsion des entreprises est limité.

Ces barrières à l'entrée peuvent remettre en cause la compétitivité de l'offre du nouvel entrant. **Il est possible de distinguer deux types de barrières à l'entrée : exogène et endogène**.

Barrière à l'entrée **exogène** (propre au secteur d'activité, à l'industrie) :

- Besoins en capitaux (lourds investissements nécessaires).

- Economies d'échelle nécessaires pour ce secteur.

- Marketing / campagne de publicité / dépenses de notoriété nécessaires.

- Avantages absolus en coûts (accès à une main d'œuvre moins chère ou spécifique).

- Investissements R&D nécessaires pour ce secteur.

- Supporter des coûts irréversibles/irrécupérables (« *sunk costs* »).

Barrière à l'entrée **endogène** (propre à l'entreprise) :

- Menace sur les prix, efforts en publicité.

- Saturation de la demande par surstocks ou surcapacité auprès des clients.

- Investissements en forces de vente / efforts marketing de fidélisation client.

- Protection des brevets avec recours en justice.

- Acquisitions pour détenir les accès aux ressources critiques (matières premières...).

- Prolifération des marques concurrentes pour poser un problème d'insertion sur le marché.

- Lobbies et pressions pour bénéficier de normes spécifiques sur le marché.

Une autre typologie de barrières à l'entrée est la suivante :

- **Financières ou économiques** : économies d'échelle, intensité capitalistique importante, coûts de transfert aux utilisateurs.

- **Marketing et commerciales** : image de marque, notoriété, accès aux réseaux de distribution, concessions exclusives.

- **Compétences et technologies** : brevets, savoir-faire compliqué, difficulté d'approvisionnement, ressources rares, secret de fabrication.

- **Réglementaires et juridiques** : normes techniques et sanitaires, réglementation limitant la concurrence et l'accès au marché.

La typologie des **barrières de sortie** :

- **Coûts économiques** de cession d'une branche, d'arrêt d'un site de production, d'abandon d'actifs non redéployables, de démantèlement.

- **Pressions** syndicales, politiques et sociales.

- **Freins psychologiques** (l'activité est associée à l'histoire, à l'activité d'origine de l'entreprise, à un succès).

La difficulté de sortie renforce l'intensité concurrentielle du secteur : plus les acteurs sont contraints de rester dans un secteur de moins en moins profitable, plus ils se battent sur le prix et les coûts.

La rivalité intra-sectorielle :

- La concurrence directe est un des principaux déterminants de la profitabilité et de l'attractivité d'un secteur.

- Une rivalité forte se traduira par une lutte concurrentielle ciblée sur les prix ou des investissements importants pour soutenir une logique de différenciation par rapport aux concurrents.

- Les pressions à la baisse sur les marges et profits seront importantes.

- Les déterminants de la rivalité intra-sectorielle dépendent du secteur (taux de croissance, degré de concentration) mais aussi du nombre, de la taille, de la stratégie et des caractéristiques des entreprises du secteur.

Eléments	Rivalité forte	Rivalité faible
Taux de croissance du secteur	Faible : prise de part de marché possible	Elevé : partagé entre les concurrents
Degré de concentration du secteur	Faible et en progression, fusions	Important et stabilisé
Degré de différenciation des offres concurrentes	Faible (concurrence sur les prix)	Forte : faible concurrence frontale
Nombre et homogénéité des concurrents	Concurrents nombreux et taille similaire	Secteur dominé par des entreprises de grandes taille avec des petites spécialisées
Coûts fixes	Importants	Faibles
Barrières à la sortie	Existence d'actifs spécialisés ou de pressions publiques	Faibles, reconversion facile, fortes possibilités de désengagement

Adaptation de Stratégie, Openbook, Franck Brulhart, Christophe Favoreu, Sandrine Gherra

Les manœuvres possible de réduction du pouvoir de négociation :

- **Clients / fournisseurs** :

    - Intégration en amont ou en aval par acquisition ou croissance interne.

    - Accroissement de la taille relative et des volumes, concentration.

    - Passation de contrats de long terme.

    - Création d'une marque valorisée, fidélisation.

    - Diversification des sources d'approvisionnement et des débouchés.

- **Nouveaux entrants :**

    - Développement de barrière à l'entrée.

    - Riposte : baisse des prix, différenciation accrue.

    - Acquisition.

    - Marketing, fidélisation.

- **Produits de substitution :**

    - Amélioration de l'offre.

    - Communication sur la différenciation.

    - Fidélisation de la clientèle.

    - Innovations technologiques.

    - Adoption du substitut.

- **Concurrents directs :**

    - Renforcement de l'avantage concurrentiel.

  ▫ Coopération, alliance, stratégique.

  ▫ Acquisition.

  ▫ Stratégie de rupture.

Exemple d'analyse concurrentielle avec les forces de Porter : SONY

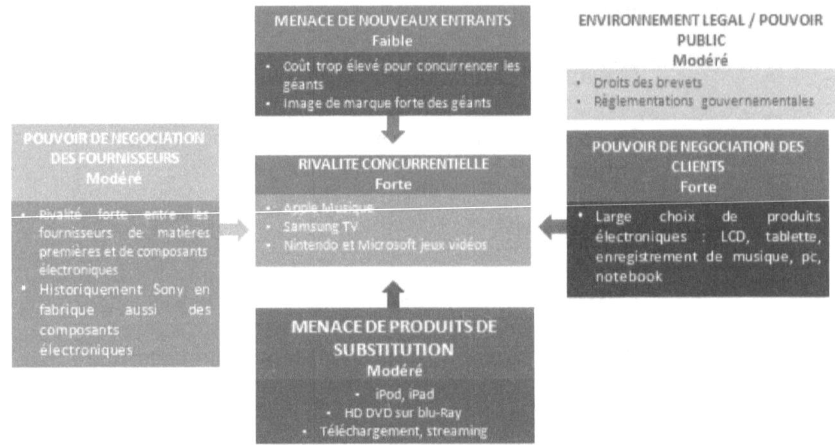

Exemple d'analyse concurrentielle avec les forces de Porter : LVMH

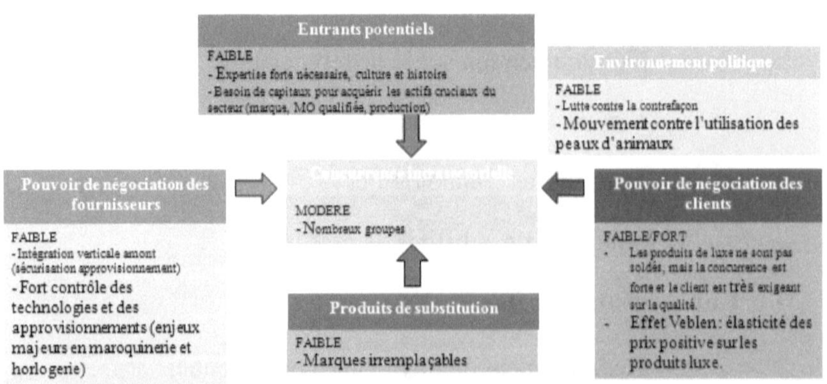

Les groupes stratégiques

Dans un même secteur, toutes les entreprises ne sont pas concurrentes entre elles. Il convient d'identifier des groupes homogènes au sein du secteur : **les groupes stratégiques**. Les groupes stratégiques rassemblent des entreprises en **concurrence directe** partageant les **mêmes caractéristiques**, **comportements** et **positionnements stratégiques** au sein d'un secteur d'activité Ce modèle permet d'analyser les positionnements stratégiques types au sein d'un secteur d'activité. Il permet d'analyser **la rivalité intra-sectorielle** (une des cinq forces de Porter). L'intérêt de l'analyse est de repérer les positionnements stratégiques types. La **cartographie des groupes stratégiques** permet de repérer les positionnements les plus performants.

Méthode :

1. Choix des variables ou dimensions stratégiques discriminantes.

2. Repérage et identification graphique des groupes stratégiques.

3. Analyses et recommandations sur le positionnement stratégique.

Variables/dimensions stratégiques discriminantes possibles : politique du prix, position en termes de coût, différenciation des produits, qualité perçue des produits, intensité des dépenses R&D, intensité des dépenses marketing, intensité capitalistique, réseaux de modes de distribution, couverture géographique ou degré d'internationalisation, innovation et leadership technologiques, degré de spécialisation, degré d'intégration verticale, importance de la notoriété et de l'image de marque, largeur de gamme, nature des stratégies marketing, services associés...

Identification des groupes stratégiques : exemple de positionnement sur deux dimensions pour les constructeurs aéronautiques.

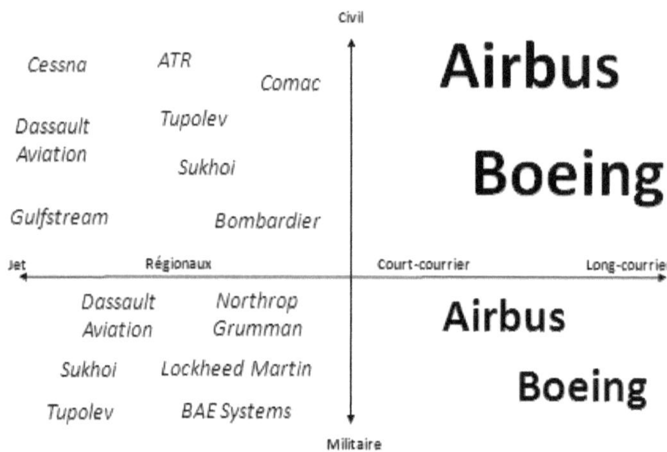

Autre exemple, avec la constitution de groupes stratégiques pour les groupes automobiles.

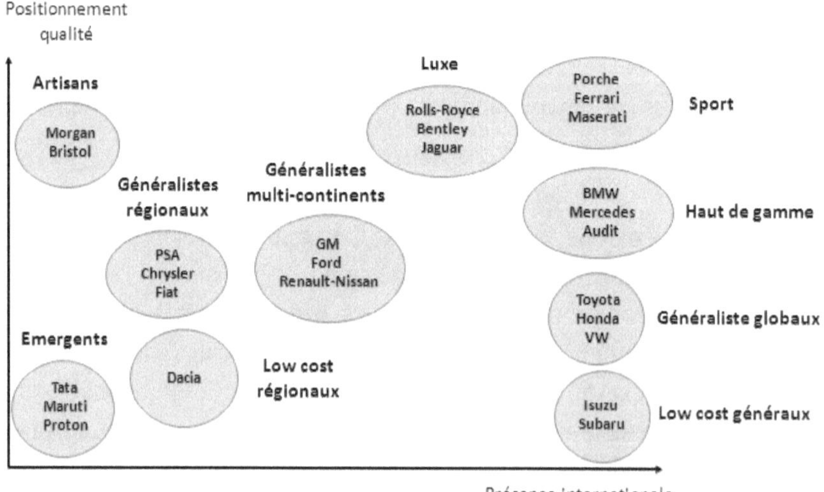

D'après Strategor 7ème édition (F. Leroy, B. Garrette, P. Dussauge, R. Durand, L. Lehmann-Ortega)

Pour les groupes stratégiques, on distingue deux typologies d'analyses : **analyse intra-groupe** et **analyse inter-groupe**.

- **Analyse intra-groupe** : vise à déterminer les caractéristiques internes de chaque groupe afin d'en déduire leur attractivité et profitabilité respectives.

  L'attractivité dépend de trois éléments :

  - Nombre et taille des concurrents composant chaque groupe. S'ils sont nombreux et de taille identique, la rivalité est forte.

  - Degré d'exposition du groupe.

  - Nature et l'importance des barrières à l'entrée.

- **Analyse inter-groupe** : vise à mesurer la distance qui sépare chaque groupe stratégique (analyse statique) et à appréhender sur une ou plusieurs périodes les mouvements de chacun d'entre eux. Une faible distance traduit une forte rivalité concurrentielle ou un accroissement de celle-ci. Des mouvements divergents conduisent au contraire les entreprises à se différencier stratégiquement pour ne pas être en concurrence sur ces variables.

L'analyse des groupes stratégiques offre trois types de choix stratégique pour l'entreprise :

- **Poursuivre son développement au sein du même groupe stratégique :** améliorer sa position au sein du groupe (acquisitions, accroissement de la taille, développement de barrière à l'entrée).

- **Evoluer vers un groupe stratégique jugé plus performant :** nécessite au préalable une adéquation des ressources et compétences détenues.

- **Se positionner sur un espace vierge de la carte :** créer un nouveau groupe stratégique. Stratégie de rupture de type « *océan bleu* ». Risquée mais profitable car forte différenciation stratégique par rapport à ses concurrents directs.

Diagnostic interne

Le diagnostic interne commence par **l'identification de l'entreprise** :

- Nom (raison sociale ou dénomination sociale)

- Statut juridique

- Secteur(s) d'activité

- Objectifs, raison d'être

- Taille (nombre d'employés, chiffre d'affaire)

- Histoire de l'entreprise

- Culture de l'entreprise

- Ses dirigeants

- Ses principaux propriétaires, actionnaires

- Situation économique, réglementaire, financière…

Il consiste en une **évaluation critique des composantes internes** du processus de conception, de production et de commercialisation d'une entreprise. Elle conduit à **déterminer sa capacité d'action** (ce qu'elle peut et sait faire à partir de ses ressources et de ses compétences). L'ensemble des moyens internes et la capacité à les déployer vont conditionner la performance de l'entreprise.

Le diagnostic interne s'appuie sur **trois méthodes** d'évaluation :

- Analyse des **ressources** et des **compétences** fondamentales.

- **Diagnostic fonctionnel** (forces/faiblesses par fonction).

- Analyse de la **chaine de valeur**.

Les ressources et les compétences

L'approche fondée sur les ressources considère que les **ressources** et les **compétences**, plus que les produits, les activités de l'entreprise et les caractéristiques des marchés, constituent le niveau pertinent d'analyse et de diagnostic de la performance. Les différences de dotation en ressources et compétences des entreprises **expliquent les différentiels de performance observés**.

Cette approche est un **héritage de l'approche par les ressources et par les compétences** développée par Edith Penrose. Les ressources sont des actifs détenus par l'entreprise qui lui permettent d'améliorer sa performance.

Les ressources : regroupent les **actifs clés** détenus par une entreprise, les actifs qui ont un potentiel de création de valeur :

- **Tangibles (matérielles) :**

    □ **Physiques** (équipements, machines, stocks de produits, matières premières).

    □ **Financières** (CAF, trésorerie, endettement…).

    □ **Humaines** (nombre de salariés, niveau de qualification, expertise…).

- **Intangibles (immatérielles) :**

    □ **Réputationnelles** (image de marque, notoriété…).

    □ **Technologiques** (savoir-faire, brevets…).

    □ **Organisationnelles** (SI, tableaux de bord, normes, procédures…).

Pour Michael Porter, **les actifs** permettent d'obtenir un avantage concurrentiel. Il distingue **quatre types** d'actifs :

- **Actifs technologiques** : capacités de R&D, savoir-faire technologiques, réputation.

- **Actifs de processus** : réseau de distribution.

- **Actifs relationnels** : progression de réputation, effets d'image, fidélité d'achat.

- **Actifs d'ordre général** : capital humain, capacités financières, maitrise des SI.

Michael Porter

Compétences : savoirs, aptitudes, savoir-faire qui vont permettre le déploiement et l'exploitation des ressources pour créer de la valeur. **Activités** et **processus** de l'entreprise pour déployer les ressources.

On distingue **quatre niveaux** de compétences :

- Compétences **opérationnelles** (techniques).

- Compétences **contextuelles** (projets, programmes).

- Compétences **interactionnelles** (managériales).

- Compétences **organisationnelles** (transformation).

Quelques exemples de **compétences** que peuvent détenir une entreprise :

- Compétences en communication.

- Compétences de commercialisation, vente et service.

- Compétences en gestion financière.

- Compétences en gestion de personnel.

- Compétences en organisation de l'entreprise.

- Compétences à diriger.

- Compétences en maitrise de l'information.

- Compétences à gérer les relations utiles à l'entreprise.

Le groupe britannique Marks & Spencer dispose ainsi de ressources tangibles telles que la pleine propriété de ses magasins, des ressources intangibles avec son image de marque et la fidélité de ses employés, et enfin des compétences managériales et en supply chain.

Pour G. Hamel et C.K. Prahalad, seule la « *compétence centrale* » (« *core competency* ») crée une capacité distinctive qui permettra d'obtenir un **avantage concurrentiel**.

Gary Hamel   *Coimbatore K. Prahalad*

La « *core competency* »:

- Elle permet d'accéder à de nombreux marchés.

- Elle est facilement identifiable par le consommateur.

- Elle est difficile à imiter par la concurrence.

Exemple de « *core competencies* » : la sécurité chez Volvo, le design et l'innovation chez Apple, la logistique chez Amazon.

De là le développement de la notion « *portefeuille* » de ressources et de compétences. La performance de la firme dépend de la capacité à développer et à gérer de façon optimale un **portefeuille de compétences équilibré**. La firme doit assurer le développement, l'amélioration et la protection des compétences existantes de façon à renouveler le portefeuille produits de l'entreprise.

Les **ressources** (= **stocks** ou des **actifs**) et les **compétences** (= **flux** ou des **savoir-faire**) sont complémentaires. On appelle **capacité « seuil »** les ressources minimum requises et les compétences minimum nécessaires pour intervenir et se maintenir sur un marché donné. Par ailleurs, des ressources uniques associées à des compétences fondamentales sont les déterminants fondamentaux de **l'avantage concurrentiel**. Elles permettent de dégager la **capacité stratégique** de l'entreprise et de créer de la **survaleur** pour le client. Les ressources et les compétences sont donc source de **performance** et compétitivité.

Pour lister et analyser les ressources et les compétences, Jay Barney a créé dans les années 1980 le **modèle VRIN** (**V** : Value, **R** : Rareness, **I** : Inimitability, **N** : Non-substituable). L'avantage concurrentiel réside ainsi dans la capacité de l'entreprise à développer et combiner des ressources et des compétences qui soient **créatrices de valeur, rares, difficilement imitables, non substituables**.

Par la suite, le modèle VRIN a évolué en **modèle VRIO** (**V** : Value, **R** : Rareness, **I** : Inimitability, **O** : Organization). Les **ressources** et **compétences** doivent **créer de la valeur, être rares, être difficilement imitables, être bien exploitées**. Ce modèle est développé pour identifier, parmi l'ensemble des ressources et des compétences de l'entreprise, celles qui donneront un avantage concurrentiel déterminant et en déduire les actions à mener.

Jay Barney

Présentation détaillée du **modèle VRIO** (Barney et Hesterly, 1991) :

- **Valeur** : identifier par exemple les ressources et compétences non valorisables mais mobilisant inutilement des moyens (= handicap concurrentiel). L'entreprise pourra se redéployer de façon plus efficace.

- **Rareté** : nombre limité voire absence d'entreprises possédant les ressources ou compétences en dehors de l'entreprise étudiée.

- **Inimitabilité** : difficulté voire impossibilité pour les concurrents de copier la compétence.

- **Organisation** : s'assurer de la faisabilité organisationnelle (organisation, management, processus…).

Posséder ces quatre caractéristiques permet de développer un ***avantage concurrentiel*** (= *core competency*). La capacité stratégique d'une entreprise se compare également par rapport aux ressources et aux compétences de ses concurrents (**benchmarking**).

Ressources et compétences	Valeur	Rareté	Coûteuse à imiter	Exploitable par l'organisation	Avantage compétitif
Ressource 1	Non	-	-	Non	Désavantage
Ressource 2	Oui	Non	-		Parité
Ressource 3	Oui	Oui	Non		Avantage temporaire
Ressource 4	Oui	Oui	Oui	Oui	Avantage soutenable

Core competency

Adaptation de Management Stratégique, 10ème édition

Exemple de diagnostic ressources/compétences (Starbucks) :

Ressources et compétences	Valeur	Rareté	Coûteuse à imiter	Exploitable par l'organisation	Avantage compétitif
Accès wifi	X				
Capacité à lever des fonds	X				
Brassage café	X				
Boutique et équipements	X				
Qualité perçue élevé	X	X			
Bons emplacements	X	X			
Motivation du personnel	X	X	X		
Image sociale et responsable	X	X	X		
Nombreuses de boutiques	X	X	X		Core competencies
Capacité d'innovation	X	X	X	X	Oui
Relation nouée avec le client	X	X	X	X	Oui
Expérience client	X	X	X	X	Oui
Notoriété de la marque	X	X	X	X	Oui

Adaptation de https://managementmania.com/en/vrio-analysis

Le diagnostic fonctionnel

Le **diagnostic fonctionnel** consiste à analyser les **niveaux fonctionnels** de l'entreprise en termes de **forces** et de **faiblesses** pour les comparer à ses concurrents.

Forces et **faiblesses** :

- **Forces** : caractéristiques internes pour maitriser les facteurs clés de succès du secteur ou du segment. L'entreprise dispose d'une force si elle se révèle plus performante que la moyenne. Elle dispose d'un avantage concurrentiel.

- **Faiblesses** : retards, manques, limites internes par rapport aux facteurs clés de compétitivité et performance. L'entreprise dispose de retards concurrentiels.

Les forces et les faiblesses de l'entreprise déterminent la **capacité stratégique de l'entreprise**, c'est-à-dire sa possibilité d'action et sa capacité à atteindre les objectifs et à créer de la valeur. Elles dépendent des **FCS** (Facteurs Clés de Succès) du secteur. En jouant sur l'allocation des ressources, l'entreprise cherche à renforcer et **développer ses forces et à réduire ses faiblesses**.

De façon synthétique, sous la direction générale, le diagnostic fonctionnel distinguera **quatre niveaux fonctionnels** à analyser :

- **Production**

    - Le patrimoine technologique de l'entreprise.

    - Savoirs et ses savoir-faire : maitrise des métiers, des technologies.

    - Système de gestion de production (outils, méthodes…).

- Contrôle qualité.

- Gestion des stocks.

- **Commercial**

  - Parts de marché.

  - Stratégies commerciales.

  - Positionnement des produits et activités de l'entreprise.

  - Analyse du portefeuille d'activité.

- **Financier**

  - Analyse du bilan et du compte de résultat (ratios pertinents…).

  - Structure financière.

  - Indépendance financière.

  - Autofinancement.

  - Solvabilité.

  - Rentabilité (commerciale, économique, financière).

  - Rotation des stocks.

- **Humains**

  - Gestion prévisionnelle des ressources humaines.

  - Climat social de l'entreprise.

  - Pyramide des âges.

  - Style de management et leadership.

Exemple de diagnostic fonctionnel (Bouygues Telecom) :

<table>
<tr><td>

Production
99% de la population couverte en France
100% des pays européens couverts
170 pays couverts avec accords de 450 opérateurs
Qualité des réseaux testée et validée par les autorités

</td><td>

Financier
CA en hausse de 2008 à 2009 (+5%)
Résultat net en baisse (-20%)
Capacité d'autofinancement : 1 milliards d'€

</td></tr>
<tr><td>

Commercial
6 types de forfait proposés
Offre proche des concurrents
Lancement de l'offre B&You

</td><td>

GRH
Elu service client numéro 1 en 2010
Effectifs d'environ 8000 personnes en 2009
Bon retour sur l'audit du climat social

</td></tr>
</table>

Adaptation de https://slideplayer.fr/slide/1169543/

La chaine de valeur

L'analyse de la **chaine de valeur** est un outil développé par Michael Porter (1985). Son objectif est d'**identifier** parmi l'ensemble des activités de l'entreprise les **sources internes**, actuelles et potentielles, de **création de valeur** et **d'avantages concurrentiels**. L'approche repose sur la capacité de l'entreprise à **maximiser la valeur** créée tout en **minimisant les coûts associés**.

Dans la modélisation en chaine de valeur, toute offre de l'entreprise est le résultat d'une **série d'activités**, **liées** les unes aux autres, qui contribuent de manière différenciée et progressive à la **création de valeur** finale pour le client et à l'**avantage concurrentiel** de la firme. Chaque organisation a sa propre configuration d'activités. Il y a donc un **système de création de valeur spécifique pour chaque entreprise**.

Qu'est-ce que la **valeur** ?

La valeur se traduit par **le prix que le consommateur est prêt à payer**. Le prix doit être supérieur aux coûts de production et de commercialisation pour dégager une **marge** (indicateur de performance). Pour accroitre la performance, il faut comprendre quelles sont les fonctions qui contribuent le plus significativement à la création de valeur. A l'inverse, il s'agit aussi d'identifier les fonctions qui détruisent de la valeur ou qui génèrent des coûts élevés.

Principe de **l'analyse de la chaine de valeur** :

- L'entreprise est considérée comme une **unité économique** qui mobilise des **activités** pour créer une offre commerciale en créant une valeur supérieure aux coûts, pour dégager un niveau de marge et de rentabilité.

- **Décomposition en phases clés** pour comprendre comment chacune est **source de coûts** ou de **différenciation**.

- **Recherche de l'optimisation de chacun des maillons de la chaine de valeur** pris séparément mais aussi sur les **liens d'interdépendances** entre eux (l'articulation et la coordination des activités entre elles).

- Une fois identifié pour chaque maillon ce qui génère ou détruit de la valeur, les ressources sont allouées pour **concentrer les efforts sur les activités et les liens qui renforcent l'avantage concurrentiel**.

Johnson et al (2011) distinguent **quatre catégories de fonctions** :

- Activités **fortement génératrices de valeur** et à **faibles coûts**.

- Activités **fortement génératrices de coûts et de valeur**.

- Activités **faiblement génératrices de valeur** et à **coûts élevés**.

- Activités **faiblement génératrices de coûts et de valeur**.

L'approche d'analyse par la chaine de valeur permet ensuite de **visualiser la configuration générale de la structure de coûts**. La mise en évidence d'activités potentiellement génératrices d'avantages concurrentiels, mais qui ne sont pas présentes dans la chaine de valeur poussera l'entreprise à **intégrer** celles-ci. Les fonctions faiblement génératrices de valeur ou qui en détruisent font l'objet d'un désinvestissement par **externalisation** et sous-traitance. Cela permet de **déterminer le périmètre optimal de l'entreprise** pour maximiser le différentiel coût-valeur et oriente le choix entre l'intégration et l'externalisation et **d'arbitrer entre** « *faire* » ou « *faire-faire* ».

L'analyse des maillons de la chaine de valeur distingue la création de valeur par les **liaisons internes** et la création de valeur par les **liaisons externes**.

- Création de valeur par les **liaisons internes** : les interactions existantes entre les fonctions peuvent être des sources d'avantages concurrentiels. L'intégration et la coordination de certaines activités améliorent l'offre de l'entreprise et optimisent son fonctionnement global (par exemple grâce à l'informatique).

- Création de valeur par les **liaisons externes** : la création de valeur peut résulter des relations optimales que l'entreprise a su développer avec ses partenaires externes (sous-traitants, fournisseurs, distributeurs) en amont et en aval de la chaine de valeur. La capacité à optimiser la coordination entre la chaine de valeur de l'entreprise et celle de ses partenaires permettra à l'entreprise d'accroitre la valeur de son offre et de minimiser ses coûts.

Comment **minimiser les coûts** de la chaine de valeur selon Porter ?

- **Economie d'échelle** : stratégie d'acquisition, élargissement de gamme, expansions géographiques des marchés.

- **Effets d'apprentissage** : pour toutes les activités, développer la formation, construire l'expérience de la firme.

- **Contrôler le taux d'exploitation** des capacités de production.

- **Contrôle des liaisons et interconnexions** : analyse, refonte des processus, convergence des bases de données et des outils.

- **Localisation des sites** : optimiser les relations entre clients et fournisseurs. Exemple du « *Wall to wall* », se rapprocher des clients pour limiter les coûts de transport ou de coordination.

- **Pouvoir de négociation de la firme** : augmenter son pouvoir de négociation en jouant notamment sur sa croissance.

Parmi les **activités de la firme** composant cette chaine de valeur, on distingue les **activités principales** et les **activités de soutiens** :

- **Activités principales :** rassemblent des fonctions qui sont directement impliquées dans le développement et la commercialisation du produit. Ce sont des fonctions opérationnelles qui **contribuent directement à la création de valeur**.

- **Activités de soutien :** permettent le bon fonctionnement et la coordination des activités principales. Les fonctions de soutien **ne sont pas impliquées directement dans la création de valeur mais ont une influence importante** sur le fonctionnement global de l'entreprise et la coordination des fonctions principales.

Les activités **principales** sont généralement les suivantes :

- **Logistique amont** : rassemble les opérations et processus d'acquisition et de gestion des ressources nécessaires à la production de biens et de services.

- **Production** : activité de transformation des matières premières et ressources en produits finis.

- **Logistique aval** : stockage et distribution physique des produits aux clients.

- **Commercialisation et vente** : assurer l'adéquation optimale entre offre et demande (avec notamment les actions du marketing, la commercialisation et la communication).

- **Services** : augmenter la valeur et l'utilité perçue par le client (installation, formation, SAV).

Les activités de **soutien** sont généralement les suivantes :

- **Infrastructure** : direction générale, direction administrative et financière, direction des affaires juridiques, direction des systèmes d'information, planification.

- **Ressources humaines** : recrutement, formation, gestion des compétences, rémunération, promotion…

- **Développement de la technologie** : R&D, gestion des brevets…

- **Approvisionnements** : achats de matières premières, sélection fournisseurs, négociation des contrats fournisseurs.

Cependant il est important de noter que **les activités principales et les activités de soutien varient bien évidemment d'une entreprise à l'autre**, de part la spécificité du secteur d'activité et de l'organisation spécifique de chacune d'entre elle.

Dans la construction visuelle de la chaine de valeur, les **activités principales** et les **activités de soutien** se positionnent de la façon suivante pour contribuer à la création de valeur et à la marge :

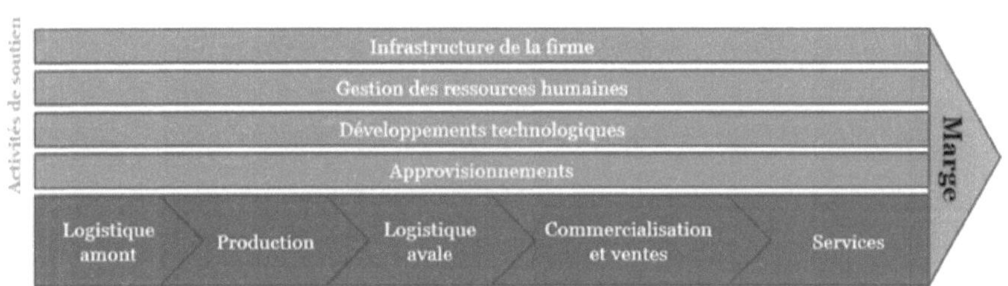

Adaptation de Michael Porter, L'avantage concurrentiel, 1988

Synthèse méthodologique de l'analyse de la chaine de valeur :

1. **Représenter les différentes étapes de la chaine de valeur** en distinguant les activités principales et les activités de soutien.

2. **Identifier** de façon **la contribution de chaque activité** comme source de **coût** ou au contraire de **différenciation/valeur**.

3. **Caractériser la contribution des liens internes et externes** (articulation entre activités) comme source de coût ou de valeur.

4. Pour chaque activité, envisager des choix en matière d'allocation de ressources et d'investissements pour optimiser la création de valeur. Identification **des opportunités d'internalisation** (valeur) **ou d'externalisation** (coût) par exemple.

Exemple de chaine de valeur (cas de Starbucks) :

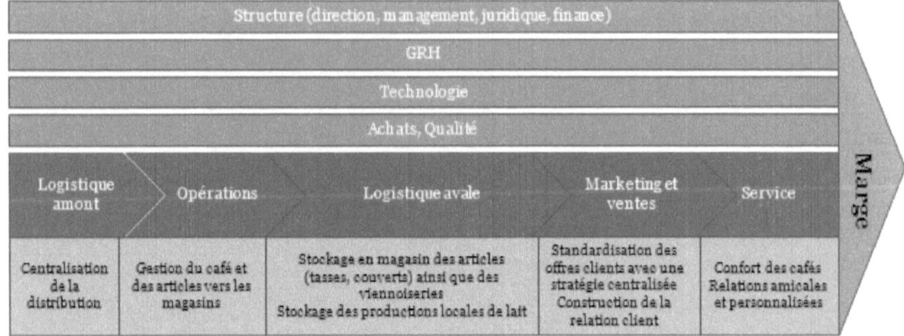

Adaptation de https://www.slideshare.net/AudreyRouquette/starbucks-11736900

Exemple de chaine de valeur (cas de Sony) :

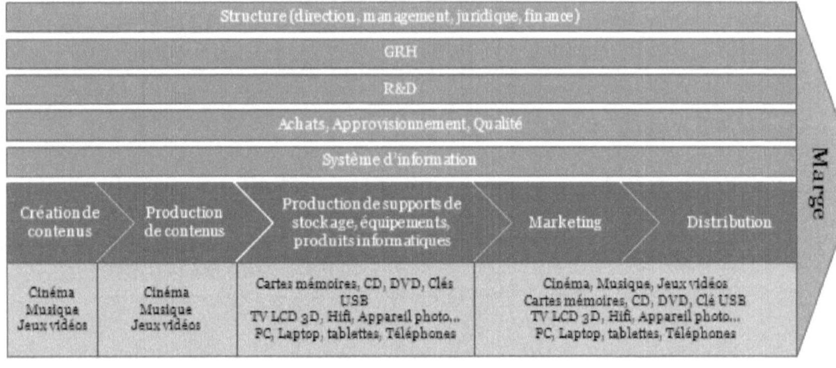

Le balancier du diagnostic

La conjoncture économique influence fortement sur le type de diagnostic à utiliser (diagnostic interne ou diagnostic externe) :

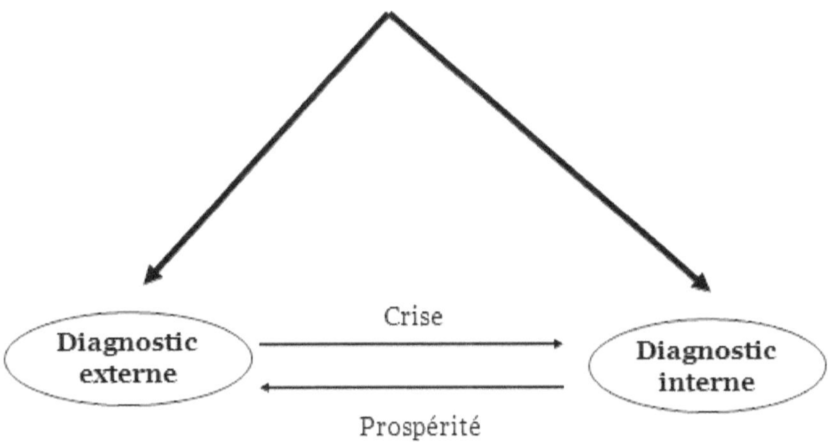

D'après Management stratégique, 10ème édition

Les matrices de portefeuille

La matrice BCG (Boston Consulting Globe) est introduite par Bruce Henderson, le fondateur du grand cabinet de conseil Boston Consulting Globe. La matrice positionne les produits ou DAS (Domaine d'Activité Stratégique) en fonction de sa **part de marché relative** (PMR) et de son **taux de croissance**. L'analyse permet d'identifier **ce que rapporte** (PMR) et **ce que coûte** (taux de croissance) chaque produit / DAS. L'objectif est notamment de **modéliser l'allocation des ressources**.

La matrice BCG distingue **4 types de produits ou DAS** :

- **Dilemme** : pour lequel on peut s'interroger sur la pertinence de poursuivre la production.

- **Vedette** : potentiel de développement intéressant pour l'entreprise.

- **Vache à lait** : contribuent actuellement fortement aux bénéfices.

- **Poids mort** : en perte de vitesse, qu'on ne conserve que s'il permet de dégager encore quelques bénéfices.

Graphiquement, la matrice BCG se présente de la façon suivante :

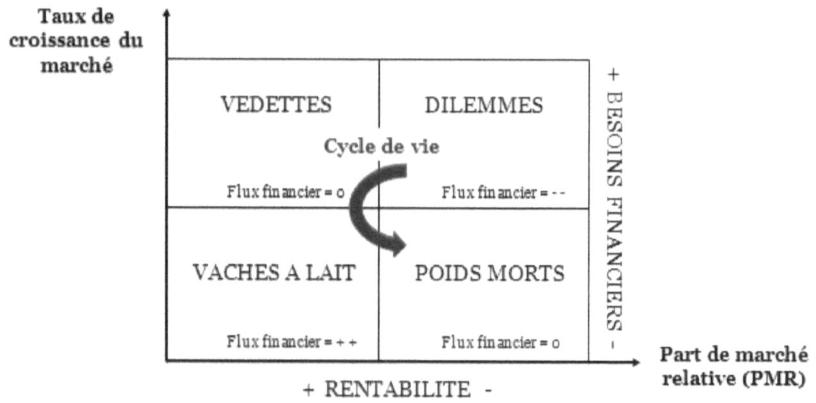

Adaptation de Bruce Henderson, Boston Consulting Group

L'axe des abscisses positionne la part de marché relative, et l'ordonnée le taux de croissance du marché. Au cours du cycle de vie d'un produit, celui-ci commence par être un produit dilemme. Avec le succès, il devient un produit vedette, puis vache à lait et enfin un poids mort.

La matrice BCG peut être **équilibrée** (bonne répartition des DAS) :

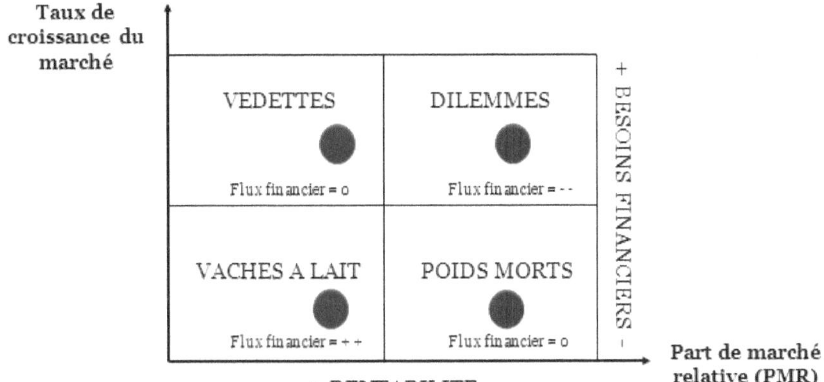

Dans ce cas, l'entreprise présente des produits de différentes catégories de la classification BCG, et donc à différentes étapes de leur cycle de vie.

La matrice BCG est dite **juvénile** lorsque les activités de croissance prédominent, se traduisant par un besoin global de financement fort. Il convient dans ce cas de ne pas disperser les efforts et d'allouer les ressources aux activités prometteuses.

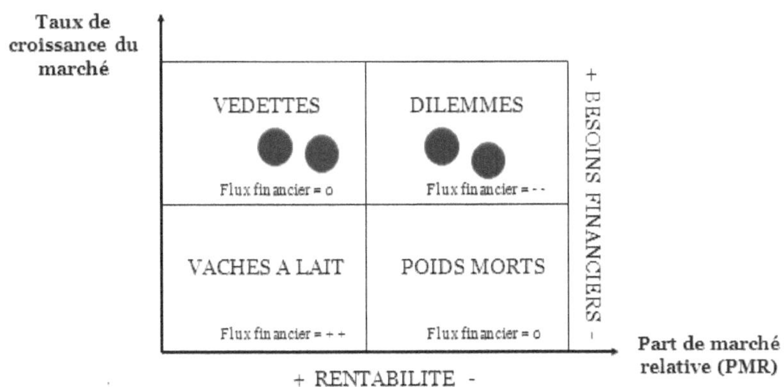

La matrice BCG est au contraire **sénile** lorsque la rentabilité globale est bonne, mais que le risque réside dans le non-remplacement des activités matures, destinées à termes à disparaitre. Il est nécessaire de trouver rapidement des activités nouvelles

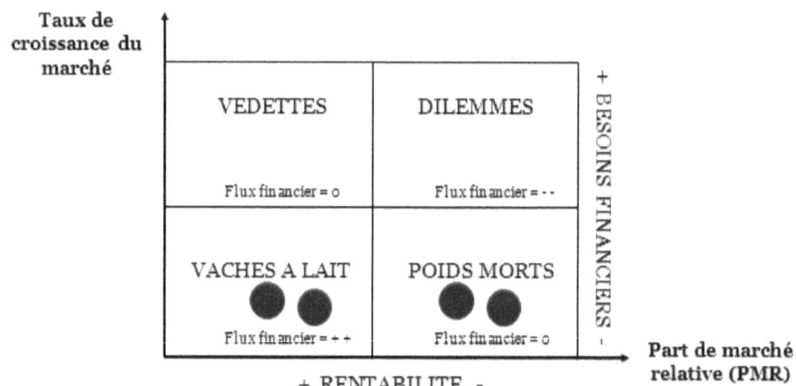

Exemple matrice BCG (cas de Microsoft) :

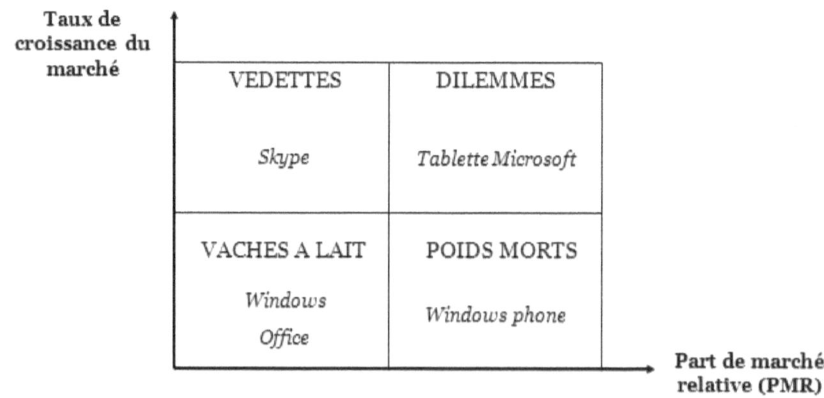

L'alternative à la matrice BCG est la **matrice DAS** :

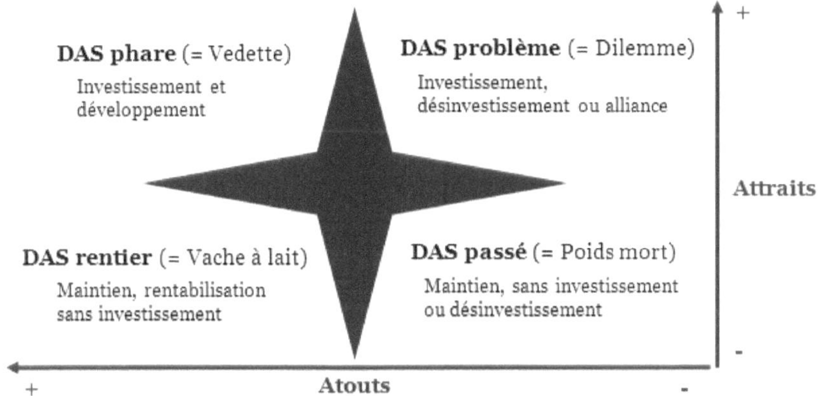

On retrouve les équivalences avec la matrice BCG. Les dimensions « *Part de marché relative* » et « *Taux de croissance* » sont remplacées par les dimensions « *Atouts* » et « *Attraits* ».

Autre modèle, la **matrice de McKinsey** permet d'évaluer la position des DAS sur les marchés pour accompagner une prise de décision :

Attraits du marché à moyen terme	Forte	Moyenne	Faible
Forte	Développement	Développement sélectif	Sélectivité
Moyenne	Développement sélectif	Sélectivité	Abandon sélectif
Faible	Sélectivité	Abandon sélectif	Abandon

Atouts (force compétitivité)

Exemple de Matrice de McKinsey (cas de Nestlé) :

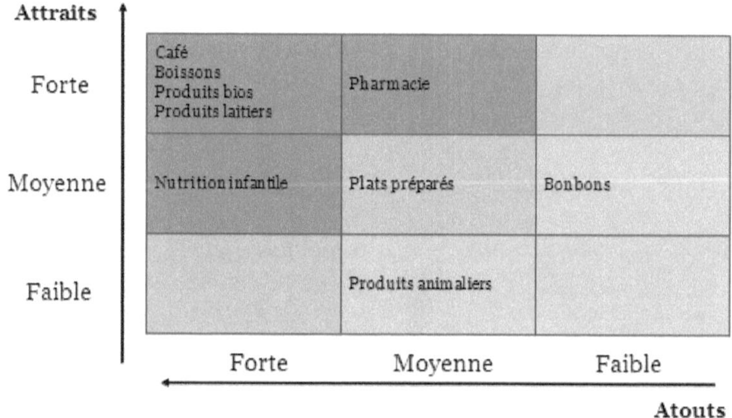

Adaptation de https://www.etudes-et-analyses.com/blog/decryptage-economique/matrice-mckinsey-exemple-nestle-02-07-2018.html

Le cycle de vie

La notion de **cycle de vie** d'un produit décompose la vie d'un produit en **quatre phases** : le **lancement**, la **croissance**, la **maturité**, le **déclin**.

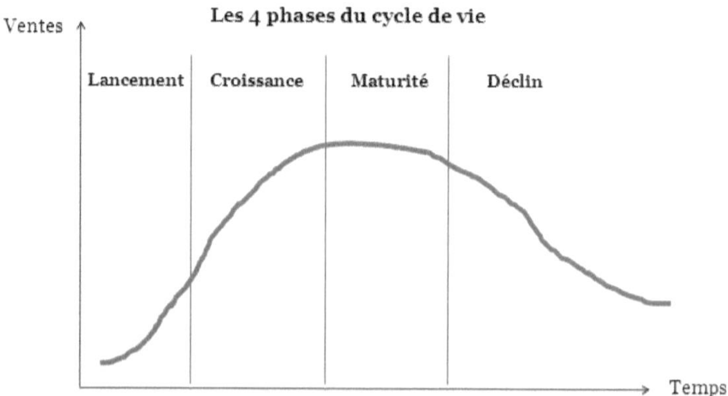

Les **principales caractéristiques** de chaque phase du cycle :

	Démarrage	Croissance	Maturité	Déclin
Taux de croissance	Moyen, forte	Forte, exponentielle	Faible et stable	Nul ou négatif
Potentiel de croissance	Important	Important	Nul	Négatif
Part de marché	Faible	Forte	Forte	Faible
Cible	Pionniers	Suiveurs	Conservateurs	Conservateurs
Nombre de concurrents	Très important	Important	Faible	Très faible
Structure concurrentielle	Atomisée	Positions figées	Leaders stables	Oligopole
Accès à l'activité	Facile	Possible	Très difficile	Sans intérêt

——— Croissance / PdM
——— Concurrence

	Démarrage	Croissance	Maturité	Déclin
Résultat	négatif/nul	Positif	Elevé	Faible
Coût de revient	Elevé	Diminution	Faible	Hausse
Prix de vente	Elevé	Diminution	Diminution	Hausse
Marge	Négative	Positive	Positive	Diminution
Liquidité	Fort besoin	Equilibre	Excédent	Equilibre
Endettement	Elevé	Moyen	Nul	Nul
Technologie	Balbutiante	Evolutive	Figée	Vieillissante
FCS	Technologie	Implantation	Productivité	Coûts
Stratégie	Innover ou copier	Investir, croitre	Rentabiliser, réduire les coûts	Traire

——— Financier
——— **Technologique**
——— Stratégique

Adaptation de Management stratégique, 10ème édition

On distingue **différents profils de cycles de vie**:

- **Cycle régulier** : la durée de chacune des quatre phases est sensiblement équivalente.

- **Cycle ramassé** : le produit démarre vite et décline aussi rapidement (effet mode).

- **Cycle bref** : la phase de maturité est réduite et la disparition est brutale (gadget, accident industriel).

- **Cycle à rebondissements** : les innovations marketing permettent de relancer le produit à plusieurs reprises (smartphone, PC).

- **Cycle à résurrection** : le produit que l'on croyait obsolète revient au goût du jour (retour d'une mode).

- **Cycle de déclin et stabilisation** : le produit est éternel. Il devient classique et intemporel (Coca-Cola, Chanel N°5).

Une entreprise gère un **portefeuille de produits**, lançant une succession de produits avec un décalage des cycles de vie. Ce qui permet un **lissage** des activités pour assurer un volume de vente régulier :

Adaptation de Management stratégique, 10ème édition

L'entreprise peut également adopter quelques stratégies **pour optimiser le cycle de vie** :

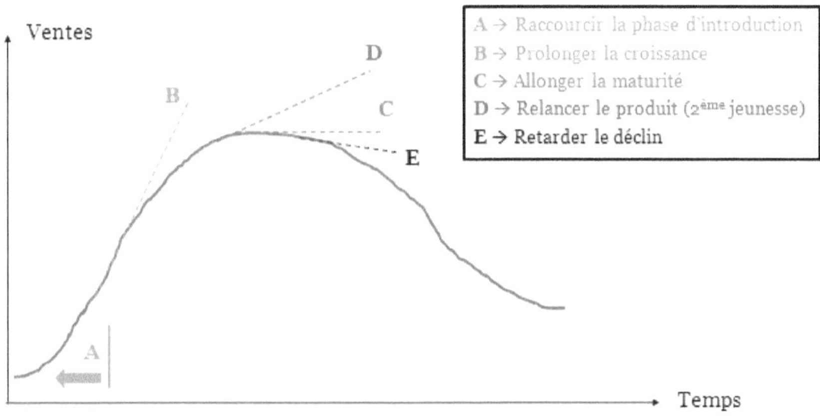

Adaptation de Management stratégique, 10ème édition

119

Modèle LCAG et matrice SWOT

Le **modèle LCAG** (Learned, Christensen, Andrews, Guth, 1965) est introduit par les chercheurs de l'Université de Harvard dans les années 1960 pour modéliser la décision. Il distingue **l'analyse externe** de **l'analyse interne**. L'ensemble des résultats des analyses de l'environnement et de l'entreprise permettant **d'évaluer les possibilités d'action et d'effectuer des choix stratégiques** :

Le **modèle SWOT** découle du modèle LCAG qu'il popularise. On parle de modèle **SWOT** (**Strenghts, Weaknesses, Opportunities, Threats**) ou plus rarement **FFOM** (**Forces, Faiblesses, Opportunités, Menaces**). La performance de l'entreprise passe par l'adéquation entre ses caractéristiques **internes** et les caractéristiques de son **environnement externe**. L'objectif du modèle SWOT est donc de classer, synthétiser et mettre en relation les diagnostics internes et externes pour définir des

choix stratégiques, permettant d'assurer l'adéquation entre la capacité stratégique de l'entreprise et les FCS du secteur.

Le processus du **modèle SWOT**, ainsi que ses résultats (possibilités d'action), se décrivent de la façon suivante :

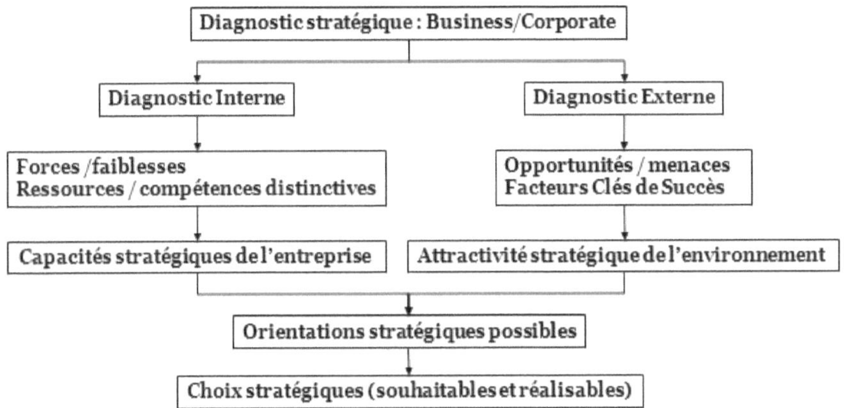

La **matrice SWOT** se présente donc en distinguant l'interne et l'externe d'une part, et d'autre part les points positifs des points négatifs :

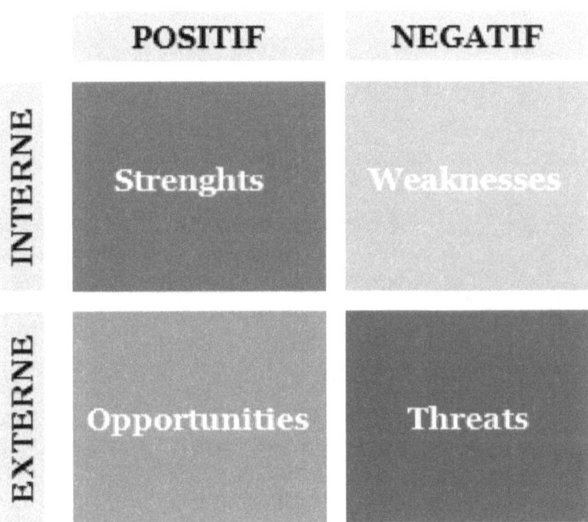

Exemple de Matrice SWOT pour LVMH :

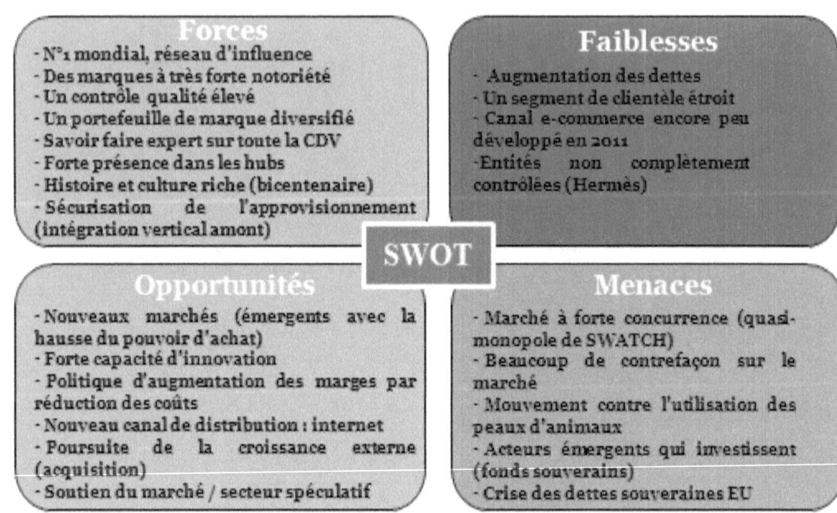

De l'analyse SWOT, on peut déduire les **stratégies à adopter** selon les forces, les faiblesses, les opportunités et les menaces identifiés par l'entreprise :

	Strenghts S	Weaknesses W
Opportunities O	Actions proactives pour saisir les opportunités (croissance, développement) SO	Actions globales, partenariat, rachats, alliances pour profiter de l'opportunité WO
Threats T	Actions défensives pour se prémunir (exemple : barrières à l'entrée) ST	Actions de renforcements, recentrage ou de retrait WT

Opportunité ou menace ?

Selon les points de vue, une nouvelle peut être considérer comme une **opportunité** (approche **offensive**) ou une **menace** (approche **défensive**). Ainsi que penser de l'ouverture à la concurrence du transport ferroviaire (directive de la commission européenne) ?

Pour les nouveaux opérateurs en lice (Transdev, Keolis, Veolia, Arriva, Trenitalia...), c'est une opportunité !

Pour la SNCF, c'est clairement une menace... mais cela peut aussi être une opportunité, celle de conquérir de nouveaux marchés en Europe !

Qui doit réaliser le diagnostic ?

Qui réalise le diagnostic ? Le diagnostic doit-il être effectué par des personnes appartenant à l'entreprise ou par des intervenants externes ?

	Avantages	Inconvénients
Equipe interne	- Meilleure connaissance de l'entreprise - Coûts faibles	- Risques de conflits internes - Absence de méthodologie d'analyse
Consultant externe	- Apport méthodologique - Rapidité, expérience - Regard neutre et objectif	- Coûts élevés - Risque pour la confidentialité - Solutions trop standards

La **situation de l'entreprise** et l'urgence déterminent le choix : une entreprise en crise fera davantage appel à un consultant externe.

Choix de l'outil de diagnostic

En conclusion sur le diagnostic stratégique, le **choix de l'outil de diagnostic** se fait d'une part en fonction du **niveau d'analyse** (business ou corporate) et d'autre part en fonction de la perspective (analyse interne à l'entreprise ou analyse de l'environnement) :

Perspective \ Niveau d'analyse	Business (DAS)	Corporate (Global)
Externe	Les 5+1 forces de Porter Groupes stratégiques	PESTEL SPECTRED
Interne	Chaine de valeur Ressources et compétences Analyse fonctionnelle	Plateforme stratégique
Interne & Externe	Facteurs Clés de Succès	Matrices de portefeuilles

Adaptation de Management stratégique, 10ème édition

(La « *plateforme stratégique* », outil très peu utilisé de notre point de vue, n'est pas abordée dans cet ouvrage).

La stratégie corporate

Qu'est-ce que la stratégie corporate ?

La stratégie dite « *corporate* » s'occupe des problématiques d'un **niveau supérieur** (niveau **entreprise** ou **groupe**) par rapport aux questions qui se posent au niveau de la stratégie dite « *business* ». La stratégie corporate s'attache donc en premier lieu à définir la **mission**, la **vision** et le **périmètre** de l'entreprise dans sa globalité et la manière dont elle ajoute de la valeur à ses différentes activités. Elle **s'élabore au niveau du siège** et s'articule en général autour des propriétaires, des actionnaires, des grands investisseurs et de la direction générale. Cette stratégie corporate ou « *corporate strategy* » s'intéresse à la **manière** dont l'entreprise **crée de la valeur**, et **à qui cette valeur s'adresse**. C'est donc à ce niveau qu'est décidée la stratégie de **croissance de l'entreprise**.

Parmi les questions majeures qu'elle doit traiter : l'entreprise se doit-elle de **croitre** ? Doit-elle faire la course à la **taille** ou aux **profits** ?

La mission et la vision

Parmi les premières grandes décisions, l'entreprise doit définir sa **mission** et sa **vision**, deux notions qu'il convient de distinguer.

La **mission** doit exprimer le point de vue de l'entreprise sur la valeur qu'elle apporte à long terme à la société, c'est **la façon dont elle exprime son rôle, sa manière spécifique d'envisager son métier, son positionnent dans son secteur**, notamment face à ses concurrents. La mission de Danone est par exemple d'apporter « *la santé par l'alimentation pour tous* », tandis qu'Essilor défend l'idée de contribuer à « *mieux voir le monde* ».

La **vision** va quant à elle **préciser l'intention stratégique** du management de l'entreprise, en **décrivant notamment ses aspirations à long terme** et en déclinant la mission vers des **cibles stratégiques** de long terme. La mission de British Airways est de devenir « *la meilleure et la plus prospère des compagnies aériennes* », tandis que sa vision peut se définir comme « *offrir une qualité de prestation inégalée, pour que British Airways soit toujours le premier choix des clients* ». Autre exemple avec Apple dont la mission est « *d'apporter partout dans le monde et à tous la meilleure expérience informatique possible en proposant des innovations matérielles, logicielles et virtuelle* » alors que sa vision pour la soutenir est de « *produire des produits de très haute qualité et de proposer des services d'une qualité très supérieure aux standards de son secteur* ».

L'enjeu de la croissance

Igor Ansoff (1965) met en évidence **l'écart stratégique** (ou « *planning gap* ») : comparaison entre l'objectif et la prévision du marché. Le **gap stratégique** est comblé par la croissance, pour atteindre l'objectif et dépasser la prévision naturelle du marché.

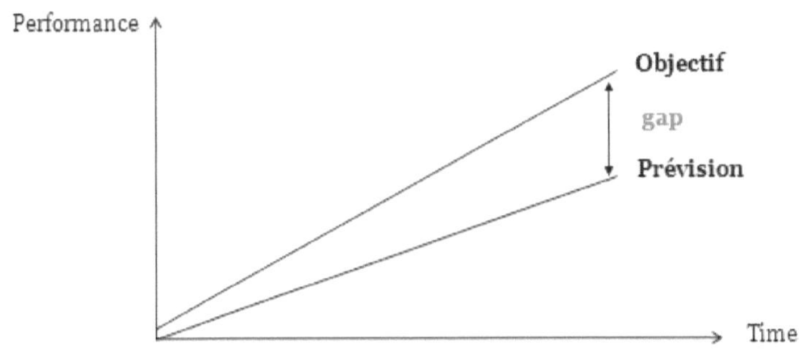

D'après Igor Ansoff, 1965

Jusque dans les années 1980, le pouvoir est entre les mains des **dirigeants** de l'entreprise (« *propriété sans contrôle* » de Berle et Means, émergence de la « *technostructure* » de Mintzberg). A partir des années 1980, on assiste à la **prise du pouvoir par les actionnaires** avec la montée en puissance des investisseurs institutionnels (banques, assurances, fonds d'investissements, fonds de pension…).

La stratégie des actionnaires se révèle beaucoup plus **activiste** :

- **Exit strategy** : vendre les actions et faire baisser le cours.

- **Voice strategy** : interventionnisme et pression sur le management.

La corporate strategy s'articule de plus en plus autour de la **rémunérations des actions et valeur** de l'entreprise :

- **TRS** (Total Return to Shareholders) : rémunération totale des actionnaires, c'est à dire dividendes + gain en capital.

- Valeur = somme de sa capitalisation boursière et de la dette nette.

- La valeur d'une entreprise doit représenter la somme de ses cash-flows futurs actualisés au coût du capital.

Par ailleurs, on remarque une **divergence d'intérêt accrue au sein de la gouvernance** d'entreprise entre la direction générale et les actionnaires :

- Les dirigeants et les actionnaires ne raisonnent **pas sur le même horizon tempo**rel. Le dirigeant réfléchit par rapport à la durée de son contrat alors que l'investisseur prend ses décisions par rapport à l'échéance de son investissement.

- **Spécificité du capital** : capital humain pour le dirigeant (ses compétences) contre capital financier pour l'investisseur.

- Le dirigeant souhaitera minimiser la **prise de risque** tandis que l'actionnaire voudra augmenter la prise de risque (pour accroitre ses gains)

- Le dirigeant raisonne sur le **chiffre d'affaire**, l'actionnaire sur le niveau de **profits**.

- Cette divergence a conduit à l'émergence de la **théorie de l'agence** (Meckling et Jensen, 1976) : l'objectif est d'aligner les intérêts entre l'actionnaire (« *principal* ») et le dirigeant (« *agent* ») par des politiques de stocks options par exemple…

La gouvernance d'entreprise est également marquée par l'apparition de **l'EVA** (Economic Value Added) de McKinsey. La valeur ajoutée économique est un critère de performance pour calculer le bonus du manager. L'EVA mesure l'écart entre la rentabilité économique réelle des capitaux investis et le coût théorique des capitaux. L'EVA est donc un profit économique, la **mesure de la rentabilité économique**…

Pour **croitre**, l'entreprise doit faire évoluer la nature de ses activités pour assurer son développement et optimiser sa performance. Cela se traduit par des choix en matière d'allocation de ressources. La question clé de la croissance de l'entreprise est donc : **sur quelles activités investir et avec quelle intensité ?**

Pour cela on distingue **trois voies** de croissance :

- **Spécialisation** : concentrer ses ressources sur des activités existantes.

- **Diversification** : développer une nouvelle activité, radicalement différente des activités existantes.

- **Expansion** : développer de nouvelles activités, mais proches des activités existantes.

Une entreprise **spécialisée** peut faire le choix de se **diversifier**. A contrario, une entreprise diversifiée peut faire le choix de la spécialisation. C'est le **recentrage**.

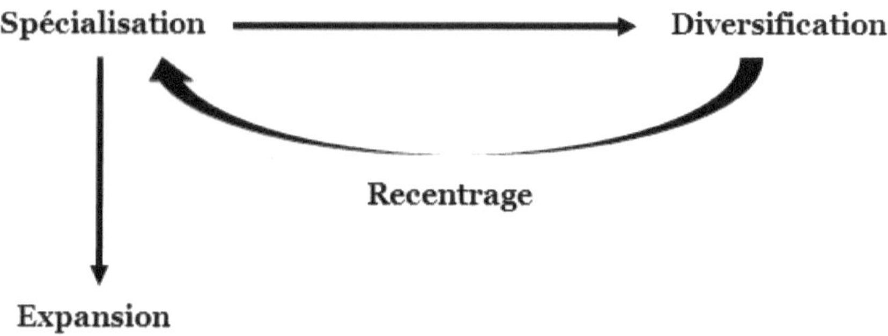

La spécialisation

La stratégie de spécialisation consiste à **concentrer ses investissements sur une activité préexistante** et à fonder le développement de l'entreprise sur cette activité. En plus de se focaliser sur un **produit/marché** particulier, la spécialisation peut également être **géographique**. L'entreprise focalise ses efforts sur une **offre précise**, pour une clientèle visée. Elle cultive la maitrise des facteurs clés de succès afin de développer un avantage concurrentiel solide sur son activité. La stratégie de spécialisation renvoie souvent à une **stratégie de pénétration de marché** consistant à développer un grand volume d'activité : lien fort avec la stratégie business de l'entreprise.

Cette concentration des efforts et des investissements sur une même activité vise à **améliorer l'expertise du domaine, son efficacité et sa rentabilité**. L'objectif est donc une maitrise des coûts ou la différenciation.

Avantages de la spécialisation :

- S'imposer comme une **référence** sur le marché (exemple : Leica dans l'optique pour appareil photographique, Tesla Motors sur les voitures électriques à positionnement haute gamme).

- Acquérir une **taille critique**.

Risques de la spécialisation :

- Augmentation de la **dépendance** à l'activité : risque sectoriel (exemple : Vogica, spécialisé dans le mobilier de cuisine et salle de bains, disparue en 2010).

- Phénomène de **rigidité** qui ne permet pas des remises en question (exemple : Encarta, qui n'a pas vu venir la concurrence gratuite de wikipedia).

La spécialisation peut être le fruit d'une politique de **recentrage**.

Exemple : recentrage de Danone dans le secteur de la santé (produits frais, eau, nutrition infantile et nutrition médicale).

Autre exemple : recentrage de 3M pendant un temps sur les activités de scotchs et d'adhésifs.

Autre origine du choix de la stratégie de spécialisation : le **revirement stratégique**.

- Exemple : revirement stratégique de Zodiac, depuis les activités marines à la spécialisation aéronautique.

- Autre exemple : revirement stratégique d'IBM avec la vente de son activité ordinateur à Lenovo et sa spécialisation dans les solutions logicielles, conseils informatiques et solutions cloud.

La diversification

La diversification consiste à appuyer la croissance de l'entreprise sur le **développement d'un ou de plusieurs nouveaux DAS ou segments stratégiques**. L'entreprise ajoute donc une activité à son portefeuille pour étendre son domaine d'activité.

La diversification peut s'opérer dans **deux principaux contextes** :

- Entreprise en bonne santé économique : Diversification de **croissance**.

- Entreprise en difficulté : Diversification de **redressement**.

Mais la stratégie de diversification suppose **une ou plusieurs conditions** :

- D'aller sur de nouveaux territoires concurrentiels.

- D'aller sur de nouveaux métiers.

- De maitriser de nouvelles compétences.

- De conquérir de nouveaux clients.

Les **motifs de diversification** sont nombreux et variés. Nous pouvons néanmoins identifier principalement les raisons suivantes :

- Gestion de portefeuille d'activité (répartition des risques).

- Valorisation de compétences distinctives (techniques, commerciales).

- Recherche de synergie (sur les différentes fonctions de l'entreprise).

- Investissement de ressources excédentaires (financières, humaines, techniques).

- Constitution d'avantages concurrentiels (sécurité d'approvisionnement ou de débouché).

- Saisie des opportunités (rachat dans des conditions avantageuses de clients, fournisseurs ou concurrents).

- Ressorts psychologiques des dirigeants (mégalomanie).

- Obligation (rachat d'un fournisseur unique en difficulté ou d'un client en faillite).

- Pouvoir (investissement dans les médias pour développer son influence).

On classera les stratégies de diversification en **quatre modes** :

- **Diversification de placement ou offensive** : placement financier (pour la rentabilité) ou industriel (acquérir des compétences).

  Exemple : Swatch a fait l'acquisition de marques prestigieuses de l'horlogerie (Omega, Blancpain, Breguet, Tissot, Longines...).

  Autre exemple : Lamborghini, à l'origine entreprise de tracteurs, désormais surtout une grande marque de voiture de sport.

- **Diversification de confortement** : recherche d'un avantage concurrentiel fondé sur la sécurité des approvisionnements (amont) ou des débouchés (aval).

  Exemple : Total représente un intégration complète, depuis la prospection pétrolière, pour assurer ses approvisionnements, jusqu'à la distribution, en station service

- **Diversification de redéploiement ou rééquilibrage stratégique** : anticipation du déclin à venir d'un DAS en investissant un autre DAS en croissance.

  Exemple : Philips a abandonné son positionnement historique sur le secteur de la télévision, pour pénétrer l'univers du médical (par exemple en investissant dans Spectranetics).

- **Diversification de survie ou défensive** : assurer la pérennité de l'entreprise lorsque son activité traditionnelle est condamnée.

  Exemple : La Poste prépare sa mutation en passant de la distribution de courriers, activité historique, vers le service de proximité via axeo services, profitant d'un maillage territorial très fort.

  Exemple : La Fnac, pour faire face à ses concurrents du e-commerce et aux changements d'habitude de consommation (concurrence du streaming video et audio, de la liseuse...), joue la diversification par la distribution de jouets, une activité papeterie ou encore la vente de petits électroménagers.

La stratégie de diversification peut aussi se voir sous **trois dimensions** :

- **Diversification géographique** : L'entreprise sort de son marché pertinent et s'attaque à une zone géographique dans laquelle les FCS sont différents.

  Exemple : Netflix cherche des relais de croissance à l'étranger pour convaincre toujours plus de nouveaux utilisateurs. D'où la création de séries originales adaptées à chaque pays, en langue originale et avec des acteurs et réalisateurs locaux.

- **Diversification verticale** : en amont (secteur de ses fournisseurs) ou aval (secteur de ses clients).

Exemple en amont : le groupe Hermès, pour sécuriser ses approvisionnements en amont, a fait l'acquisition d'élevages d'autruches pour avoir la main sur la matière première.

De la même façon, Michelin a investi dans des plantations d'Hévéas pour introduire du caoutchouc naturel et responsable dans ses produits.

Exemple en aval : pour mettre la main sur la distribution de ses produits, L'Oréal détient de nombreuses boutiques physiques comme Nyx, Kiehl's, Urban Decay ou encore Maybelline.

- **Diversification horizontale** : l'entreprise s'engage dans un nouveau métier s'appuyant sur des complémentarités avec le portefeuille d'activités existant. Ces domaines d'activités qui ne sont pas nécessairement en lien avec ses fournisseurs ou ses clients habituels.

Exemple : Apple s'est appuyé sur un de ces grands succès du début des années 2000, l'Ipod, pour développer l'Iphone, puis l'Ipad, reprenant une partie des composants et la philosophie des produits.

Autre exemple, la société Salomon. A l'origine, Salomon était spécialisée dans la fixation de ski. Salomon s'est ensuite diversifié autour de son cœur de métier en proposant des skis, des snowboards, des chaussures de ski et désormais des chaussures de sport ou de randonnée...

Autre distinction possible, celle entre diversification **liée** et diversification **conglomérale** :

- **La diversification liée** utilise des **synergies avec l'activité initiale**, à partir de ses marchés, de ses produits ou de ses compétences, pour faire le lien avec la nouvelle activité. On parle de « *compétences pivots* » :

  - Pivot commercial : expertise de marché.

  - Pivot technologique : maitrise d'un procédé.

  - Pivot compétence : maitrise de la chaine de valeur, des coûts…

La diversification liée est *la plus logique*.

Exemple de Bic qui s'appuie à la fois sur les pivots commerciaux, technologiques et de compétences.

La diversification liée s'appuie fortement sur les synergies existantes. On recense de **nombreux types de synergies** possibles :

  - Marketing : complémentarité des services.

  - Image de marque : un nouveau produit bénéficie de la renommée du produit existant.

  - Ventes : mise en commun des moyens de distribution.

  - R&D : les investissements profitent à plusieurs produits.

  - Technologique : procédés proches, constitution de gammes, partage des connaissances et des savoir-faire.

  - Ressources : économies d'échelle grâce aux activités partagées.

- Système d'information : utilisation du système d'information existant.

- Logistique : utilisation de la logistique existante.

- Management : compétences des décideurs, des gestionnaires.

- Moyens généraux : partage d'équipements, bâtiments déjà existants.

- **La diversification conglomérale** se dirige vers des domaines n'ayant **aucun point commun avec les activités existantes** et sans rapport les uns les autres.

La diversification conglomérale est *la plus risquée*.

Exemple de Siemens qui est présent dans les secteurs des télécommunications, des équipements de radiographie, de la métallurgie, de l'électroménager, du matériel ferroviaire, de l'informatique, des services financiers, des centrales électriques et pendant un temps dans l'éolien et le solaire.

Autre exemple : General Electric. Le géant américain est présent sur des marchés aussi différents que le matériel médical, le transport, la motorisation aéronautique, l'oil & gas, la finance...

Le portefeuille d'activité de LVMH est tout aussi diversifié, tout en restant dans le secteur du luxe : les vins et spiritueux (Hennessy, Moët & Chandon...), la mode et la maroquinerie (Louis Vuiton, Kenzo...), les parfums et les cosmétiques (Dior, Guerlain...), les montres et la joaillerie (Bulgari, Hublot...), la distribution sélective (Sephora, Le Bon Marché), l'hôtellerie (Cheval Blanc) et les médias (Les Echos, Radio Classique...).

Dernier motif de diversification : la **diversification temporaire**. Généralement pour des opérations de communication, comme le glacier Magnum qui a un temps ouvert un espace éphémère, Danette bar qui a fait de même pour ses 40 ans, ou encore Coca-Cola qui lance régulièrement des espaces éphémères comme par exemple à la gare Montparnasse à Paris.

Avantages de la diversification :

- **Réduction du risque sectoriel** : se protéger d'une crise sectorielle qui pourrait intervenir sur un de ses marchés.

- **Saisir une opportunité de marché** sur un secteur porteur et sur lequel l'entreprise n'est pas encore présente.

- **Profiter de la maitrise des compétences et des ressources existantes** et donc de l'effet synergie. Les études soulignent que les diversifications liées (faisant appel aux compétences pivots) sont préférables aux diversifications conglomérales.

Les exemples de **diversifications réussies** sont nombreux. Air Liquide, spécialiste du gaz industriel, a ainsi réussi avec succès à s'implanter dans les services de santé et plus généralement les services aux entreprises. Dans un autre secteur, le spécialiste du stylo de luxe Mont Blanc s'est diversifié avec succès dans les montres, les lunettes, la bijouterie ou encore la maroquinerie. Enfin, Bic s'est largement construit sur la diversification, partant d'abord des stylos, pour se développer ensuite sur les briquets et les rasoirs, et plus récemment avec les planches à voiles et les paddles...

Risques de la diversification :

- **Dispersion des ressources** : « *privilégier la quantité à la qualité* » en menant de front beaucoup d'activités sans forcément beaucoup de rapport les unes aux autres. C'est un peu ce qui est arrivé à Kodak. L'illustre firme américaine, spécialiste à l'origine de la photographie, a un peu trop dispersé ses ressources pour finir par rater le virage du numérique.

- **Surcoût généré sur la structure centrale** de l'entreprise en charge de la coordination de l'ensemble des activités. L'investisseur privilégie la diversification de son portefeuille sur les marchés, pas sur les firmes. D'où une décote des conglomérats à l'image de Samsung, dont la valorisation boursière subit une décote par rapport à Apple, par exemple.

Par ailleurs, notons quelques exemples de **diversifications ratés**. C'est le cas de Lustucru qui a tenté de capitaliser sur sa marque en lançant un réseau de restaurants à pâtes. Sans succès. Spécialiste de la distribution d'ordinateur par correspondance, Dell a tenté une incursion dans la musique en lançant des lecteurs mp3, mais sans rencontrer beaucoup d'écho. Enfin, ratage mémorable, celui de Bic. Capitalisant sur l'image de marque bon marché, Bic a lancé le parfum pas cher distribué en bureaux de tabac, comme ses briquets. Sans jamais trouver son public.

L'expansion

L'expansion est une stratégie de croissance située **entre la spécialisation et la diversification**. A la différence de la spécialisation, l'entreprise va étendre son périmètre **au-delà de ses activités existantes.** Mais à la différence de la diversification, il **s'appuie fortement sur l'existant**, c'est-à-dire sur ses produits ou ses clients.

La stratégie d'expansion peut se traduire par **deux approches** :

- Le développement de nouvelles offres (produits ou services) destinées à des clients existants. ➔ **L'expansion métier**

- La conquête de nouveaux clients avec des produits existants. ➔ **L'expansion marché**

Ces deux types d'expansion peuvent également être menés de front par l'entreprise (de manière successive ou simultanée).

Quelques exemples d'expansion **métier** :

- Plastic Omnium : du plastique aux composants automobiles.

- Zadig et Voltaire : du prêt-à-porter à la maroquinerie, aux accessoires, aux parfums…

Quelques exemples d'expansion **marché** :

- Passer du marché professionnel au marché grand public comme IBM , de son IBM 650 à son IBM PC.

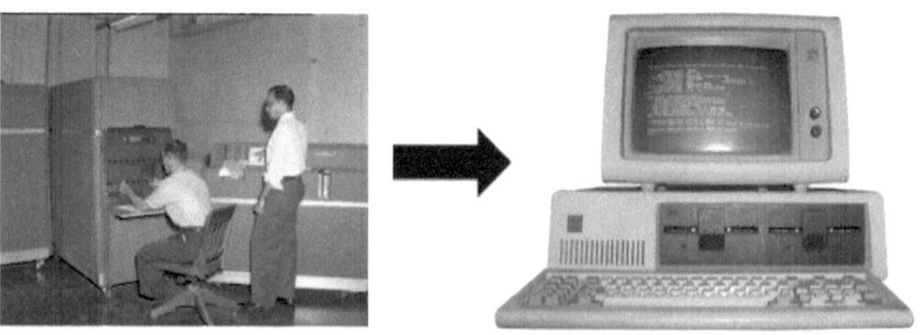

- Passer du marché masculin au marché féminin comme la proposition de valeur de Bic en déclinant le rasoir du marché masculin vers le marché féminin.

Exemple d'expansion **mixte** (**métier** et **marché**) : Sonia Rykiel, spécialiste du prêt-à-porter féminin haut de gamme se lance dans les chaussures, les sacs et la maroquinerie sous la marque « Sonia by Sonia Rykiel » pour viser une clientèle plus jeune.

La matrice d'Ansoff

La matrice d'Ansoff (1957) : permet de modéliser les vecteurs de croissance envisageables pour l'entreprise selon deux axes de développement (**produit** et **marché**) et de positionner les stratégies de **spécialisation** et de **diversification** (diversification produit, diversification marché, ou diversification totale).

Produit / Marché	Actuel	Nouveau
Actuel	Spécialisation	Diversification produit
Nouveau	Diversification marché	Diversification totale

Adaptation d'après Igor Ansoff

Exemple d'application chez Apple :

1. Lancement d'un **nouveau produit** : Mac ➔ Augmentation de la pénétration sur le marché des **utilisateurs existants** d'Apple.

2. Extension sur de **nouveaux territoires géographiques** et **nouveaux segments de marché** (solutions entreprises).

3. Lancement d'un **nouveau produit** : iMac ➜ **segment existants** (geeks) puis **cible élargi** avec prix d'entrée de gamme réduit et ciblage d'un segment clientèle jeune.

4. Lancement d'un **nouveau produit** : MacBook Pro ➜ **segments existants** (geeks) et **nouveaux segments** de consommateurs (nomades et professionnels)

5. Lancement de **nouveaux produits** : iPod et iTune ➜ création d'un tout **nouveau marché** s'adressant à de nouveaux segments.

6. Lancement sur le **nouveau marché** de **nouveaux produits** : iPod puis iPhone.

Apple a donc su d'abord adresser de nouveaux produits à des clients existants, puis conquérir de nouveaux segments de clients grâce aux nouveaux produits, et aller vers la diversification géographique.

La matrice d'Ansoff, dans sa version sophistiquée, introduit un niveau intermédiaire permettant de proposer les notions de **modification** et d'**élargissement géographique**.

PRODUITS

MARCHÉS		Existants	Modifiés	Nouveaux
	Existants	*Augmentation de la pénétration de marché*	*Amélioration des produits*	*Extension de gamme : développement de nouveaux produits*
	Elargis	*Expansion géographique standardisée*	*Expansion géographique adaptée*	*Expansion géographique avec de nouveaux produits*
	Nouveaux	*Extension de segments de clientèle*	*Extension adaptée*	*Diversification marketing*

Adaptation d'après Igor Ansoff

- **Augmentation de la pénétration de marché** : accroître la part de marché de l'entreprise avec le produit existant, sur le marché existant, au détriment des concurrents, par des actions marketing et commerciales.

- **Amélioration des produits**: l'entreprise doit améliorer la qualité de ses produits et/ou de ses services pour faire face à la concurrence.

- **Extension de gamme** : une nouvelle offre, complémentaire, est développée pour le marché existant, pour proposer une gamme plus complète.

- **Expansion géographique standardisée** : le produit existant est proposé dans un pays aux standards et aux facteurs clés de succès proches (on introduit la alors la notion de « *marché pertinent* »).

- **Expansion géographique adaptée** : le produit est adapté aux nouveaux pays ciblés.

- **Expansion géographique avec de nouveaux produits** : une offre complètement nouvelle est spécialement conçue pour les nouvelles zones géographiques.

- **Extension de segments de clientèle** : un nouveau segment de clientèle a été identifiée pour le produit existant (exemple : une offre BtoC est proposée en BtoB).

- **Extension adaptée** : l'offre destinée au nouveau type de clients identifiée doit être adaptée.

- **Diversification marketing** : un tout nouveau produit est proposée pour cibler un tout nouveau marché. Cela ne nécessite toutefois pas pour l'entreprise de développer de nouvelles compétences.

Synthèse sur la spécialisation et la diversification

L'arbitrage entre stratégie de spécialisation et stratégie de diversification peut se modéliser par le *« Balancier stratégique »* : l'entreprise commence généralement par une activité cœur de métier, donc une stratégie de spécialisation. Elle tente ensuite de se diversifier en développant de nouvelles activités. Pour finalement se recentrer sur certaines activités, sur lesquelles l'entreprise est la plus performante, et qui peuvent correspondre ou non à son activité d'origine.

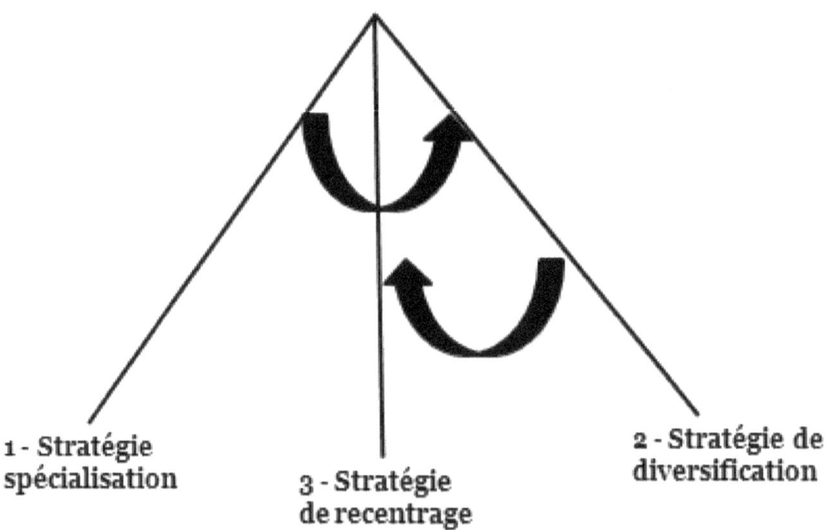

D'après Management stratégique, 10ème édition

Au final, nous pouvons distinguer les **principales différences entre spécialisation et diversification** :

	Spécialisation	Diversification
Changement de métier	Faible	Très fort
Compétences à acquérir	Peu nombreuses	Nombreuses
Distance entre ancien métier et nouveau	Limitée	Forte
Durée apprentissage	Courte	Longue
Risques	Réduits	Importants

D'après Stratégie, Openbook, Franck Brulhart, Christophe Favoreu, Sandrine Gherra

En mettant en vis à vis les **avantages** et les **risques** des deux types de stratégies :

	Spécialisation	Diversification
+	Economie d'échelle, expérience, concentration des ressources	Répartition des risques de déclin au sein du portefeuille d'activité
-	Risque de déclin sur un marché unique	Risque d'éparpillement des ressources et non maitrise d'un portefeuille d'activité éclaté

D'après Stratégie, Openbook, Franck Brulhart, Christophe Favoreu, Sandrine Gherra

L'innovation

L'innovation consiste à **introduire quelque chose de nouveau**, d'encore inconnu dans un contexte établi. Innover c'est donc **combiner autrement** les choses et les forces présentes dans le domaine économique. Dans un contexte économique, l'innovation est introduite pour **créer un surplus de valeur** (par augmentation de la recette ou diminution des coûts), en créant une opportunité d'affaire nouvelle.

Dit autrement, innover consiste à **introduire de façon durable de nouvelles façons de faire** (produire, vendre, se déplacer, échanger...). On distinguera trois approches pour définir l'innovation :

- L'innovation est **sociale**, c'est un **usage** nouveau.

- L'innovation est **économique**, elle doit créer de la **valeur**.

- L'innovation est **technologique**, c'est une **solution**.

Mais **pourquoi innover ?**

- Réduire les coûts (exemple sur les processus : TQM, 6-sigma, Kanban, Kaizen...).

- Se différencier : renforcer son positionnement par rapport à la référence.

- Créer un nouveau business model : nouvelle proposition de valeur et innovation sur les composantes du business model.

Attention à ne pas confondre « *invention* » et « *innovation* » :

- **Invention** : technique, dépend de connaissances scientifiques.

- **Innovation** : économique, avec introduction des nouveaux produits et processus sur le marché.

- L'innovation est le fruit de la recherche :

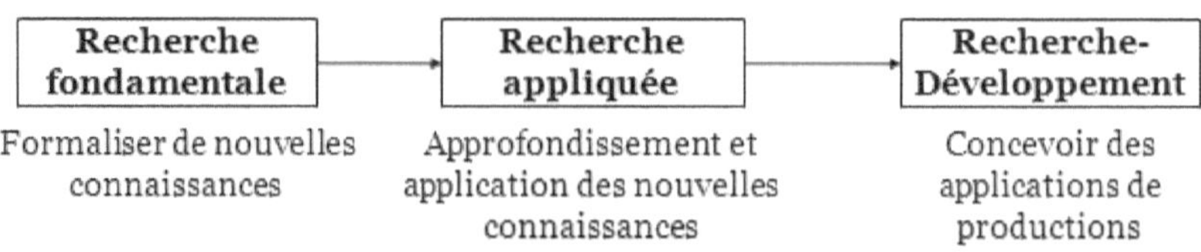

D'après Y. Morvan, 1991

Innover, c'est donner relier la **science** (recherche fondamentale), la **technologie** (recherche appliquée, recherche & développement) et le **marché** (clients potentiels).

Joseph Schumpeter met en évidence le rôle de l'innovation sur l'économie. Elle entraine des déplacements de l'équilibre des **prix** : « *Les innovations en économie ne sont pas, en règle générale, le résultat du fait qu'apparaissent d'abord chez les consommateurs de nouveaux besoins, dont la pression modifie l'orientation de l'appareil de production mais du fait que **la production** procède en quelque sorte à l'éducation des consommateurs, et **suscite de nouveaux besoins**, si bien que l'initiative est de son côté.* ».

Par ailleurs, les penseurs de l'innovation mettent en évidence la double origine de l'innovation :

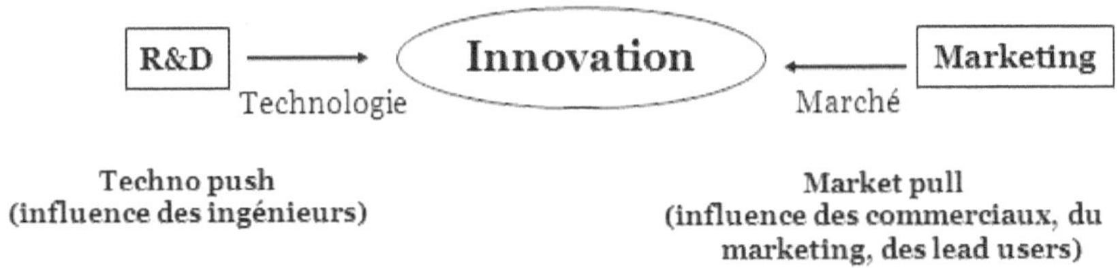

Adaptation de Management stratégique, 10ème édition

Schumpeter met également en évidence des **vagues d'innovation successives** à l'origine de nouveaux cycles économiques, avec la modélisation des cycles économiques de Kondratiev, Juglar et Kitchin.

Moteur des cycles d'innovation, Schumpeter parle de « *destruction créatrice* ». Il développe la vision d'une évolution dynamique de l'économie. L'innovation est une perpétuelle reconfiguration des ressources à partir d'un processus de « *destruction créatrice* » de produits qui se remplacent les uns les autres. L'innovation comporte une espérance de gain, la « *rente entrepreneuriale* » ou « *monopole de profit* », qui reconfigure les ressources. Pour Schumpeter, l'innovation est donc « *un cas particulier de toutes les modifications du processus productif qui ont pour but de **fabriquer l'unité de produit avec une dépense moindre**, et de créer ainsi une différence entre leur prix actuel et leur prix nouveau* »

Schumpeter distingue **cinq catégories d'innovation** :

- Fabrication d'un bien nouveau.

- Méthode de production nouvelle.

- Débouché nouveau.

- Conquête d'une nouvelle source de matière première.

- Réalisation d'une nouvelle organisation.

Autre approche pour catégoriser l'innovation. le modèle de « ***l'étoile de l'innovation*** » :

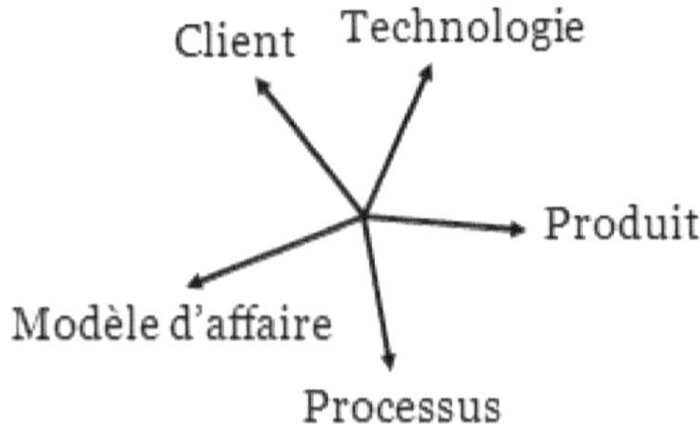

Adaptation de Management stratégique, 10ème édition

La littérature de l'innovation fait aussi la distinction entre la notion d'**innovation de rupture** et la notion d'**innovation incrémentale**.

L'innovation de rupture ou « *radicale* » ou « *d'exploration* », modifie profondément les références et les habitudes. Elle bouscule les facteurs clés existants (ou détruit l'ordre existant) d'une activité pour mettre en place de nouvelles règles du jeu dont elle aura seule la maitrise et lance alors un nouveau cycle d'innovation. Les innovations de rupture ne sont pas réductibles à une accumulation d'innovations incrémentales : « *Vous pouvez additionner autant de diligences que vous voulez, vous n'obtiendrez jamais le chemin de fer* » dit Schumpeter. Parmi les exemples d'innovations de rupture, le moteur à explosion à la fin du XIXème siècle, le turboréacteur dans les années 1940, l'Iphone en 2007.

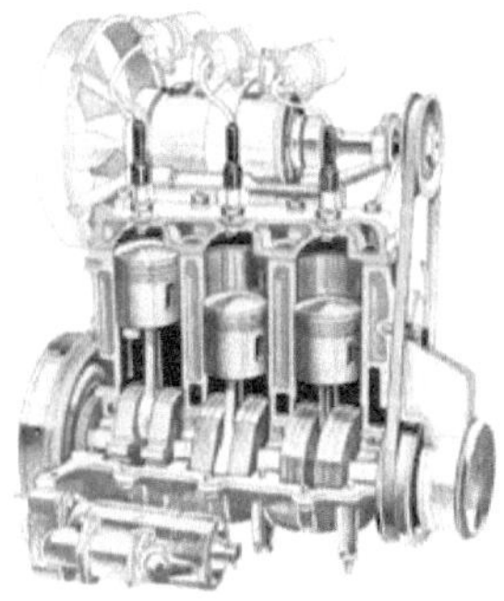

Fin du XIXème siècle, apparition du moteur à explosion

1944, moteur Jumo 004, premier turboréacteur

2007, Iphone 1ère génération

L'innovation incrémentale ou « *d'amélioration* », ou « *d'exploitation* » s'inscrit dans un cycle d'innovation existant. Elle présente un changement limité de l'offre, peu de nouveautés mais une amélioration progressive des performances. C'est ce que l'on constate au fil des décennies sur l'évolution de la téléphonie mobile, avant l'innovation de rupture de l'Iphone qui lance le smartphone et un nouveau cycle d'innovations incrémentales.

La téléphonie mobile, des années 1990 aux années 2010

La diffusion de l'innovation se modélise classiquement par une « ***Courbe en S*** » pour séparer les périodes d'apprentissage, puis d'explosion et enfin de saturation:

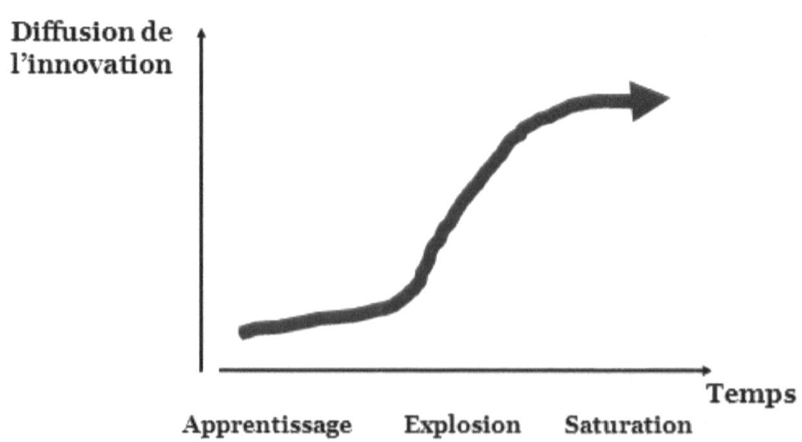

Adoption de l'innovation par les consommateurs dans le cycle de vie :

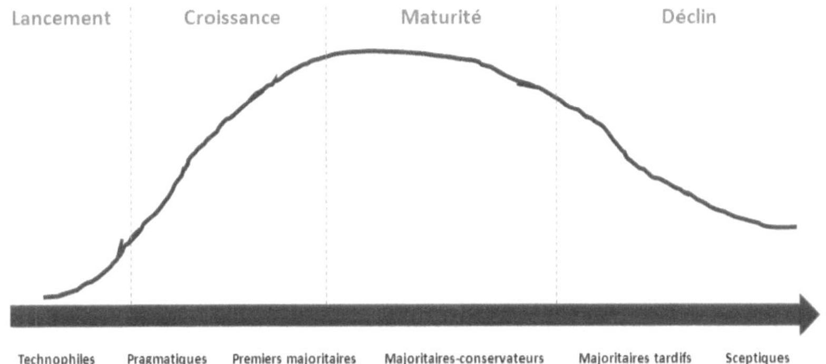

Adaptation d'après Geoffrey Moore, 1999

Cette approche identifie des profils types de clients, définis par leur attitude face à l'innovation. Les « *technophiles* » sont les plus faciles à convaincre, dès le lancement du produit. Viennent ensuite au fil du temps les « *pragmatiques* », les « *premiers majoritaires* », les « *majoritaires-conservateurs* », les « *majoritaires tardifs* » et pour finir les « *sceptiques* ». L'enjeu pour la firme est de convaincre un maximum de clients en phase de lancement et de croissance pour entrainer les clients plus attentistes.

Le concept de *« dilemme de l'innovateur »* est également mis en évidence par Clayton Christensen. Il y explique que réagir rationnellement à certaines innovations peut conduire tout droit à l'échec chez l'entreprise leader en manquant la prochaine innovation de rupture.

Christensen identifie **deux types d'innovation** :

- **Disruptive innovations** : les innovations de rupture peuvent introduire une perturbation. Elles sont peu attractives car n'intéressent au départ qu'une clientèle limitée. Exemple : Netflix a gagné sur un nouveau créneau, la SVOD.

- **Sustaining innovations** : très bien exploitées par les leaders pour les clients existants. Blockbuster (loueur de DVD) a raté l'innovation de rupture de la SVOD et a été dépassé par Netflix.

Le dilemme de l'innovateur fait que **le leader est plus à l'aise avec la** « *sustaining innovation* » **qu'avec l'innovation disruptive**. Pourtant, c'est l'innovation disruptive qui crée la proposition de valeur à terme moins chère, plus simple et pratique, et donc celle qui s'imposera.

Quoiqu'il en soit, **l'innovation a des conséquences stratégiques** pour l'entreprise. Elle modifie les frontières entre les différents métiers (Netflix, distributeur dans le SVOD est devenu aussi producteur de films et de séries), elle permet de relancer la croissance d'un secteur, de bouleverser la donne en changeant les business models et peut imposer un nouveau standard. On parle alors de « *design dominant* ». Par ailleurs, dans le contexte actuel de concurrence forte par l'innovation, la pérennité des entreprises dépend de leur capacité à générer un « *flux continu de produits innovants* », sur des marchés de plus en plus saturés.

L'internationalisation

L'internationalisation consiste à se développer en dehors de ses frontières.

Ces dernières décennies sont marqués par le développement de facteurs favorables à l'internationalisation :

- Déréglementation et accords de libre-échange.

- Développement des transports et de la communication.

- Homogénéisation de la demande (standards internationaux).

- Besoin de réaliser des économies d'échelle (effet volume).

Mais **pourquoi s'internationaliser ?**

- Accéder à de nouveaux marchés/clients (Exemple : Michelin en Chine).

- Diversifier le risque géographique (Exemple : Netflix hors des Etats-Unis).

- Baisser les coûts (délocalisation de la production, nécessité de produire au plus près).

Les stratégies d'internationalisation ont été historiquement inspirées par la **théorie des avantages comparatifs** formalisée par l'économiste anglais David Ricardo en 1817. La théorie des avantages comparatifs est une extension de la théorie des avantages absolus d'Adam Smith qui tente de répondre à la question : comment échanger si un pays ne dispose d'aucun avantage absolu pour la production d'un bien ? Ricardo propose une réponse en raisonnant sur les *« coûts d'opportunité »*, **il est profitable pour chaque pays de se spécialiser dans la production pour laquelle il dispose de la productivité la plus forte** ou de la moins faible comparativement. L'application de la théorie des avantages comparatifs se trouve dans le commerce international. L'interdépendance économique présente un **gain mondial** et plaide pour le **libre-échange** et l'internationalisation.

Prolongement des travaux de Ricardo, la **théorie HOS**. Le modèle HOS (Heckscher, Ohlin, Samuelson) s'appuie sur la disponibilité des ressources (capital/travail) d'un pays comparé à un autre. **L'abondance relative des facteurs de production et l'intensité relative de l'utilisation des facteurs procurent un avantage comparatif** à l'origine des interactions commerciales. Dans les pays du Nord, où le capital est abondant (prix relatif moins élevé), on privilégie les activités intensives en capital, tandis que dans les pays du Sud, où la main d'œuvre est abondante (prix relatif moins élevé) on a davantage d'activité faisant appel à une main d'œuvre intensive en travail. Conclusion, chaque pays doit se spécialiser dans la production des biens incorporant les produits dont il dispose en abondance, justifiant l'internationalisation.

Où s'internationaliser ?

L'Ecole Suédoise de d'Uppsala parle d'une **« *distance psychique* »** qui sépare du pays d'origine. C'est l'écart entre les contraintes géographiques, économiques, sociales, institutionnelles, réglementaires et culturelles. Les différences de langues, valeurs, religions, normes sociales, éducatives, systèmes politiques, légales, infrastructures influencent donc particulièrement la politique d'internationalisation. Les entreprises donnent la priorité aux zones à faible « *distance psychique* ».

Comment s'internationaliser ?

L'internationalisation se fait lentement **par étapes successives**. Le rythme est généralement ralenti par le manque de connaissances des marchés étrangers. La firme a besoin d'expérience pour maitriser les enjeux à l'international. Mais certaines entreprises vont plus vite : elles sont dites « *Born global* ».

Les étapes et modalités de l'internationalisation peuvent se résumer de la façon suivante :

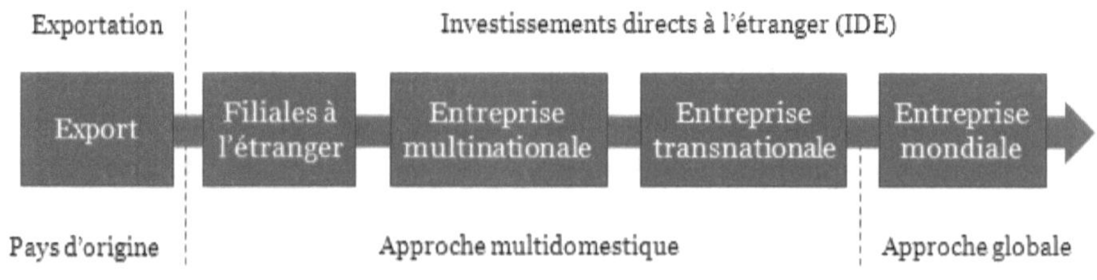

- **Export** : les produits sont fabriqués dans le pays d'origine et acheminés puis vendus à l'étranger, directement ou par un intermédiaire.

- **Filiales à étranger** : création de sociétés de production ou de commercialisation à l'étranger, contrôlées par le siège. Avec éventuellement un partenariat avec une entreprise locale.

- **Entreprise multinationale** : chaque filiale standardise ce qui peut l'être dans son offre et adapte ce qui doit l'être suivant les spécificités locales (exemple : Nestlé, Unilever, McDonald's).

- **Entreprise transnationale** : la firme adapte également l'offre mais elle optimise surtout la localisation de ses activités (exemple : L'Oréal, Michelin, Sanofi, Air Liquide, Sony).

- **Entreprise mondiale** : existe lorsque les FCS sont partout les mêmes et la demande homogène (Apple, Rolex, Lego, Intel).

Dans sa stratégie d'internationalisation, l'une des grandes problématiques à laquelle doit faire face l'entreprise est d'arbitrer entre **standardisation mondiale** et **adaptation locale**.

Dans un objectif d'efficacité globale, la standardisation permet de générer des effets de volume (effet taille, économies d'échelle) et améliorer la structure de coût. L'offre doit être similaire à l'échelle mondiale pour tirer les bénéfices des effets de volume.

A contrario, dans un objectif d'adaptation locale, l'entreprise a la volonté d'adapter les produits aux attentes particulières de la clientèle de chaque pays (marque, goût, packaging, image, mode de distribution ou de communication) : personnalisation des offres et différenciation.

Dans la réalité, la majorité des stratégies font coexister ces deux approches contradictoires (centralisation vs décentralisation, adaptation locale vs économie d'échelle).

L'étude des différentes stratégies sur les deux dimensions « *adaptation locale* » et « *standardisation* » permettent de mettre en évidence quatre types de stratégie :

- Stratégie « **multidomestiques** » : **la concurrence se joue pays par pays**. La position concurrentielle dans un pays est indépendante de sa position dans d'autres. Les produits sont **différenciés** entre chaque pays.

- Stratégie « **globale** » : **la concurrence se joue au niveau international**. Les produits sont **standardisés**.

- Stratégie « **export** »: les entreprises effectuent **l'essentiel de la production dans un endroit précis** mais **vendent** cette production **à travers le monde**.

- Stratégie « **glocale** » : émergence d'une stratégie qui **combine démarche globale et adaptation locale**.

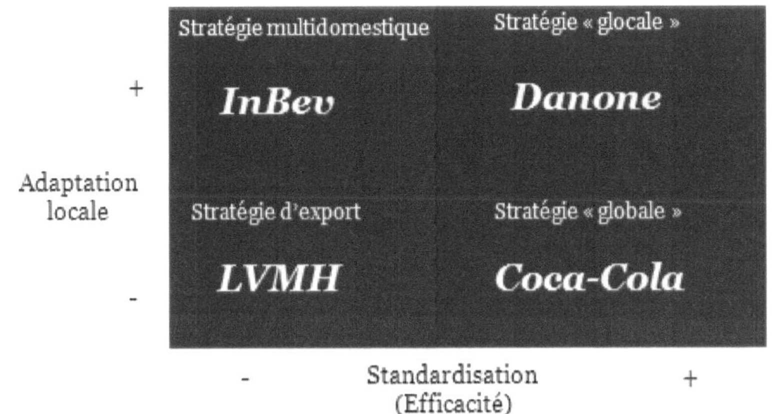

Adaptation de Stratégie, Openbook, Franck Brulhart, Christophe Favoreu, Sandrine Gherra

Pour mettre en vis à vis les **stratégies de croissance** et le **poids de l'internationalisation** dans la stratégie de la firme, il est possible d'utiliser la **grille suivante à deux dimensions** (« *internationalisation* » et « axe de croissance »). Elle permet de positionner les firmes par rapport à ces deux dimensions.

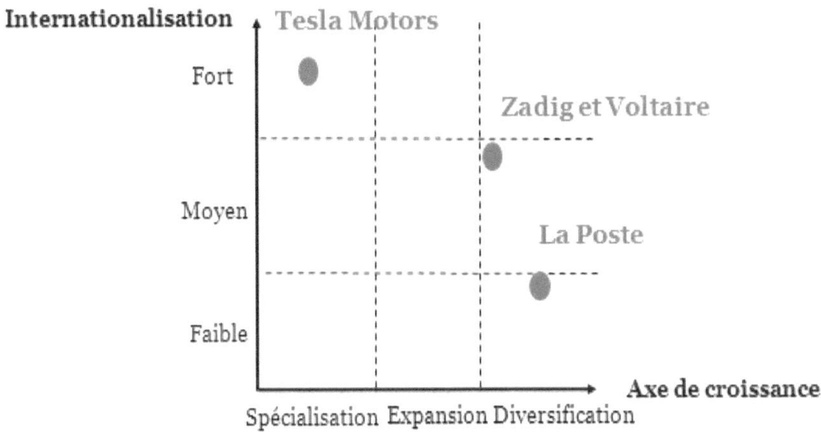

D'après Stratégie, Openbook, Franck Brulhart, Christophe Favoreu, Sandrine Gherra

Les **risques** de l'internationalisation :

Economique	Politique
Fluctuation des monnaies	Législation
Délais de paiement	Barrière douanière
Coût de distribution	Nationalisation des implantations
Concurrence	Blocage des capitaux

Adaptation de Stratégie, Openbook, Franck Brulhart, Christophe Favoreu, Sandrine Gherra

Remarque importante : pour la plupart des activités économiques, les flux internationaux ne représentent en général que 5% à 15% de l'activité totale des entreprises. Contrairement à ce qu'on pourrait croire et à ce qu'on rapporte souvent, **il n'y a donc pas de globalisation généralisée**.

Stratégie et transformation numérique

Le tournant pris par l'économie avec **l'avènement du numérique** tend à bouleverser les stratégies corporate des entreprises. Celles-ci doivent donc **revisiter leur proposition de valeur** pour intégrer la digitalisation.

La révolution digitale, l'introduction de connexions à internet, de connexions mobiles et d'objets connectés appelle à revisiter les offres. Un nouveau paradigme que certains cabinets de consultants nomment le **SMACT** (Social, Mobile, Analytics, Cloud, Things). Par ***Social***, on s'interroge sur la nouvelle stratégie du marketing digital au travers des réseaux sociaux (Instagram, Facebook...), qui prennent une place de plus en plus importante dans l'interaction avec le client. Le ***Mobile*** traduit l'augmentation fulgurante de l'utilisation du smartphone à travers le monde, et donc du nombre de transactions commerciales qui se font par ce canal. Le terme ***Analytics*** renvoie aux milliards de données produites par le producteur comme le consommateur et qu'il convient de traiter et d'exploiter (c'est le rôle du « *Big Data* »). ***Cloud*** illustre le changement d'approche dans le stockage du nombre croissant de données produites. De plus en plus de données sont ainsi stockées par l'utilisation de solutions cloud, et de moins en moins par stockage sur un support local. Enfin, ***Things*** renvoie plus précisément à « *Internet of Things* » et à l'essor des objets connectés entre eux et communiquant automatiquement entre eux (la montre, le téléphone, la télévision, la chaudière, le réfrigérateur...).

Une création fulgurante de grandes quantités de données stratégiques pour les entreprises qui pose la problème de la **cyber-sécurité** avec en ligne de mire les questions sous jacente de la **confidentialité, d'intégrité** et de **disponibilité** de la data.

Une transformation numérique qui a aussi **plusieurs conséquences au niveau business** pour l'entreprise. L'apparition de « ***Pure Player*** » à l'instar d'Amazon ou de Netflix. Des entreprises construites uniquement sur un modèle numérique, par opposition aux entreprises physiques dites « ***Brick and Mortar*** ». Une transition des business models « *physiques* » vers des business models « *numériques* » qu'il convient d'accompagner. Des modèles qui tendent d'ailleurs à converger en alliant physique et numérique, ce qu'on appelle les approches « ***Brick and Click*** ». La digitalisation renforce ensuite la transition **vers des modèles de production de services** au détriment de la production et de la possession. Une transition du produit vers le service qui s'explique par la facilité d'accès que propose le numérique. Le client ne recherche plus tant la détention d'un produit que son **usage** pour un temps défini (d'où l'émergence de la culture du partage). Le numérique qui renforce la **collaboration** entre les utilisateurs, favorisant la culture du partage des connaissances et des savoirs (développement en « open source », comme par exemple wikipedia). Cette **économie collaborative** que l'on retrouve dans le partage des usages comme le montre le cas de Blablacar.

Le digital qui accompagne la transformation de l'économie de deux façons : d'une part au service de **l'expérience utilisateur** (« *customer* *experience* ») en captant par les données les habitudes de consommation, les styles de vie et les nouveaux besoins. Ce qui permet d'aider au recrutement de nouveaux clients, et ensuite à s'assurer de leur « *engagement* », pour garantir leur fidélité. Et d'autre part en optimisant les **processus opérationnels** internes à l'entreprise.

Pour finir, il est important de retenir que la digitalisation bouleverse les business models en introduisant la **désintermédiation** dans la distribution de la proposition de valeur. Les **chaines de valeur** de certaines filières s'en trouvent ainsi profondément **bouleversées**, à l'instar de la chaine de valeur de l'industrie touristique. Les agences de voyages de proximité « *Brick and Mortar* » classiques se trouvent ainsi concurrencées par des agences de voyage en ligne. Par ailleurs, le client a accès directement à une offre de billets d'avion, d'hôtels ou encore de loueurs de voitures, permettant de s'affranchir des services des agences de voyages, qui doivent donc redéfinir leur rôle et leur business models.

Développement durable

En 1987, dans le rapport de l'ONU « *Our common future* » apparaît le terme de « ***développement durable*** », défini comme : « *Un développement qui répond aux besoins du présent sans compromettre la capacité des générations futures à répondre aux leurs* ». Ce rapport pose les bases de l'émergence de la **Responsabilité Sociétale des Entreprises (RSE)** dans la stratégie corporate des entreprises. Un modèle est développé en ce sens : le **modèle des 3P** (People, Planet, Profit) ou « ***triple bottom line*** ». L'entreprise se doit de mieux prendre en compte des **externalités**, c'est à dire ce que génère l'activité de l'entreprise sans compensation (pollution, consommation des ressources, nuisances, destruction d'emplois). Le coût des externalités est actuellement à la charge de la collectivité au lieu d'être payé par l'entreprise.

Dès à présent, dans la stratégie corporate de l'entreprise, l'enjeu est de parvenir à **concilier** :

- La maximisation de la **richesse pour les actionnaires** (modèle « *shareholder* »).

- La prise en compte des **parties prenantes** et de la capacité future de l'entreprise (modèle « *stakeholders* ») ➜ Vers un modèle de « **valeur Partagée** » comme l'écrit Michael Porter.

Un mouvement se développe également pour un **Investissement Socialement Responsable (ISR)**, se traduisant par une amélioration des business models existants, ou l'élaboration de nouveaux business models (économie de la fonctionnalité, commerce équitable…).

Face à ses enjeux, trois attitudes se dégagent chez les entreprises par rapport à la RSE :

- Minimalistes : en faire le moins possible.

- Légalistes : se conformer à la loi, sans plus

- Volontaristes : proactif, allant parfois au-delà des contraintes réglementaires.

Savoir gérer la croissance

La croissance est vue comme quelque chose de positif. Mais elle génère mécaniquement une **explosion du fonds de roulement**. L'entreprise doit s'assurer, dans toute stratégie de croissance, de pouvoir soutenir financièrement celle-ci, notamment vis à vis des **décalages entre les encaissements et les décaissements**, correspondant temps de conception, de production, de commercialisation et de réglement par le client. D'où l'émergence d'un suivi plus détaillé de la trésorerie avec l'importance de plus forte accordée au « *tableau des flux de trésorerie* », documents comptables qui se joint aux classiques Bilan et Compte de Résultat.

S'assurer des synergies financières supposent une **étude attentive des évolutions du cycle de vie des produits du portefeuille d'activité** en se posant deux questions : quelles sont les activités qui consomment du cash flow ? Quelles sont au contraire celles qui rapportent du cash flow ? Cette analyse contribuera à savoir comment financer sa croissance au bon moment.

Stratégie business

Qu'est-ce que la stratégie business ?

La stratégie business de l'entreprise est la **stratégie adoptée pour une activité**. Dans les entreprises diversifiées, il faut donc définir autant de stratégie business qu'il y a d'activités différentes. Il peut ainsi y avoir des stratégies business différentes selon les activités. L'objectif principal est d'assurer des performances durablement supérieures aux concurrents dans le secteur d'activité. La stratégie business va donc consister à identifier et à cultiver un **avantage concurrentiel durable**.

Les stratégies génériques

La recherche d'une performance supérieure à celle des concurrents conduit à choisir parmi les stratégies business dites « **génériques** » :

- **Stratégie de domination par les coûts** : offre similaire à moindre prix.

- **Stratégie de différenciation** : offre différente à prix supérieur.

En résumé, l'entreprise doit décider de **faire moins cher** ou de **faire mieux**. Le choix entre les deux stratégies génériques dépend de la nature de l'activité (FCS nécessaires) et de l'adéquation avec les compétences et de ressources à disposition dans l'entreprise.

Partant de cette distinction, Michael Porter développe une classification en **trois familles** de stratégies génériques :

- **Sophistication/Différenciation** : différenciation par le haut.

- **Epuration** : différenciation par le bas, domination par les coûts.

- **Concentration/focalisation** : stratégie de niche.

		Caractère unique du produit	Coûts faibles
Cible stratégique	Secteur tout entier	**Différenciation**	**Epuration**
	Segment particulier	**Concentration/focalisation**	

- Exemple d'application à quelques compagnies aériennes :

Différenciation		**Epuration**	
Cathay Pacific	Singapore Airlines	Southwest	EasyJet
Concentration/focalisation			
	Netjets	Finnair	

La domination par les coûts

La stratégie de domination par les coûts consiste à proposer une **offre de base ou standard** à un **prix inférieur aux concurrents**. L'avantage concurrentiel réside dans la capacité à proposer une offre à moindre prix, ce qui suppose de **réduire les coûts** pour conserver les marges, voire de conserver les mêmes prix pour augmenter les marges.

Cette stratégie est adaptée lorsque le prix prédomine parmi les facteurs clés de succès, qu'il y a une **forte élasticité-prix du bien**, que l'effet d'expérience est fort et le besoin de différenciation faible. C'est le cas pour les **produits simples, basiques, à faible valeur ajoutée**.

La domination par les coûts repose sur une **meilleure maitrise des coûts** de l'activité que ses concurrents. Elle suppose d'analyser et d'optimiser chaque étape et fonction de la chaine de valeur en jouant sur les **volumes** pour réduire le coût complet final de son offre. L'objectif est d'obtenir les coûts les plus bas possibles pour un niveau de qualité donné. Cela suppose de **minimiser les coûts fixes et les coûts variables**.

Les coûts fixes sont par exemple la conception, la R&D, le marketing, les frais administratifs… Les coûts variables sont surtout dans la fabrication et la distribution (coûts proportionnels au volume fabriqué).

En résumé, la stratégie de domination par les coûts repose sur une différenciation assez faible, pour un coût d'obtention de l'offre également assez faible :

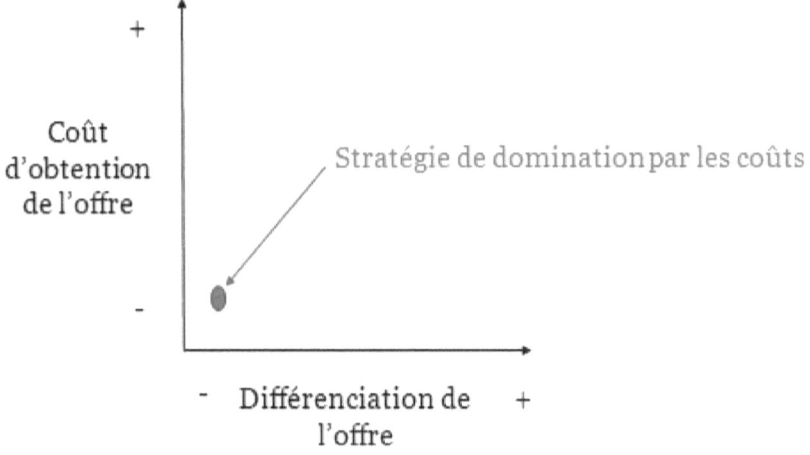

Adaptation de Stratégie, Openbook, Franck Brulhart, Christophe Favoreu, Sandrine Gherra

La recherche du coût d'obtention le plus faible possible suppose de jouer sur de nombreux **leviers de réduction des coûts** :

- **Spécialisation** : division du travail tel que décrit par Adam Smith.

- **Délocalisation** d'une partie de la chaine de valeur vers des zones à bas salaires pour réduire le coût du facteur travail.

- **Réduire le prix des facteurs de production** (équipements, matières premières) par son pouvoir de marché (jouer sur les volumes pour obtenir une négociation plus favorable).

- **Modifier son offre** en dégradant ou en supprimant la valeur de certains de ses attributs, moins différenciant.

- **Amélioration des procédés de production** (exemple de la standardisation de McDonald's, Burger King, Domino's…).

- **Maitrise des coûts d'exploitation** (contrôle de la consommation des ressources, chasse aux rebuts, mise en place de procédures pour limiter les pertes de temps et malfaçons…).

- **Utilisation des TICs** pour réduire les coûts de complexité.

- **L'innovation** permet le remplacement de la main-d'œuvre par l'automatisation (substitution capital/travail).

- **Economies d'échelle** ou « **effet de taille** » sur les volumes de production ou vente. Elles se définissent comme une diminution du coût unitaire due à l'augmentation du volume de production ou de vente. Les coûts fixes s'étalent sur un plus grand nombre d'unités. Autrement dit, c'est la **recherche de la pleine utilisation des actifs productifs** affectant les coûts fixes, l'allongement des cycles de production, le renforcement du pouvoir de négociation avec les fournisseurs et le partage des frais de R&D et administratifs. C'est également la **recherche de**

la taille critique ou « point mort » de rentabilité des investissements pour obtenir la part de marché la plus élevée. Avec l'effet volume, le B777 a par exemple réduit ses coûts, permettant de diminuer son prix et d'augmenter les marges.

La courbe du **coût moyen unitaire** en fonction du **volume** modélise ces effets d'économies d'échelle dans la zone à **rendements croissants**. Attention toutefois, la production d'un volume excessif et non maitrisé engendre des coûts supplémentaires et des effets de **déséconomies d'échelle**.

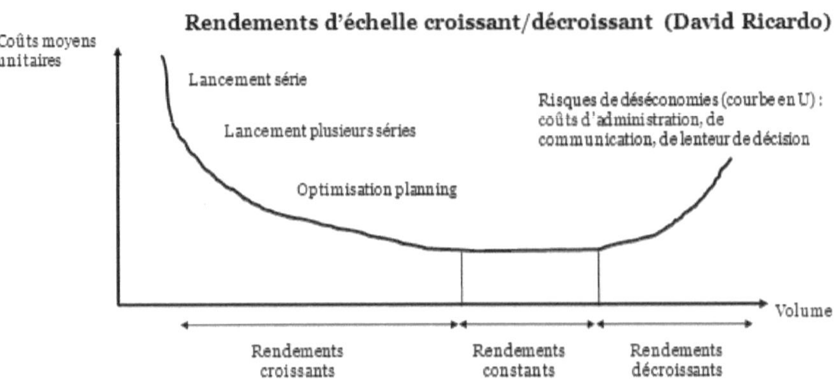

Adaptation de 100 fiches pour comprendre la stratégie d'entreprise

- **Economies d'expérience ou « effet d'apprentissage ».** Augmentation de la productivité du travail qui se traduit par une baisse du coût unitaire d'une offre du fait de l'augmentation de sa production cumulée, c'est-à-dire de **l'expérience accumulée au fil du temps**. Les économies d'expérience traduisent l'effort d'optimisation et d'amélioration continue. Elles se traduisent par une baisse de 20% à 30% du coût unitaire total d'un produit chaque fois que la production est doublée. L'effet expérience se constate dans les activités industrielles comme dans les services.

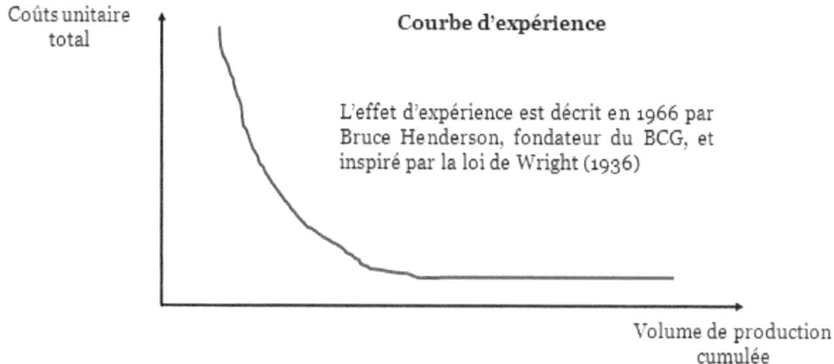

Exemple de courbe d'expérience dans la construction aéronautique, avec une baisse significatif du temps de main d'oeuvre au fil du temps :

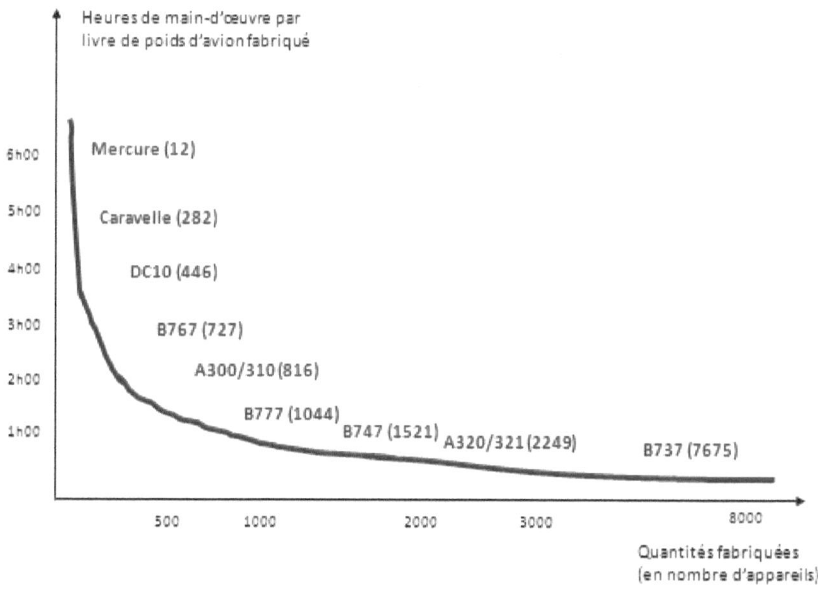

Adaptation de Strategor, édition 7

- **Economie de variété**. Baisse des coûts liée à la **réduction du nombre de composants nécessaires** à la production de l'offre. En réduisant le nombre de composants, le processus de production est simplifié, ainsi que la logistique et les coûts de non-qualité. Exemple : réduction du nombre de composants chez Texas Instruments.

- **Economie de champs ou « économie d'éventail »**. L'entreprise **réutilise** pour son offre des **ressources ou des compétences déjà exploitées par la production d'offres existantes**. L'utilisation de ressources déjà existantes permet de réduire les coûts et d'augmenter la rentabilité des actifs.

Pour accompagner les politiques de réduction des coûts, il est également important de construire la **structure de coût. Elle permet de repérer les tâches ou fonctions sur lesquelles l'entreprise doit faire porter en priorité ses efforts de réduction de coût** afin de diminuer significativement ses coûts totaux. La structure de coût varie sensiblement d'une activité à l'autre (répartition des coûts différente entre une activité industrielle, intensive en capital, et une activité de service, intensive en main d'œuvre). La structure de coût évolue aussi en fonction de la taille (réduction du poids relatif des frais généraux et du coût en main d'œuvre avec l'augmentation de la taille de l'entreprise). Dans la stratégie de domination par les coûts, le volume joue donc un rôle central en influençant la structure de coût de l'entreprise.

L'intérêt principal de la stratégie de domination par les coûts est de s'inscrire dans un « *cercle vertueux* » de réduction des coûts, donc des prix, se traduisant par une augmentation de la demande.

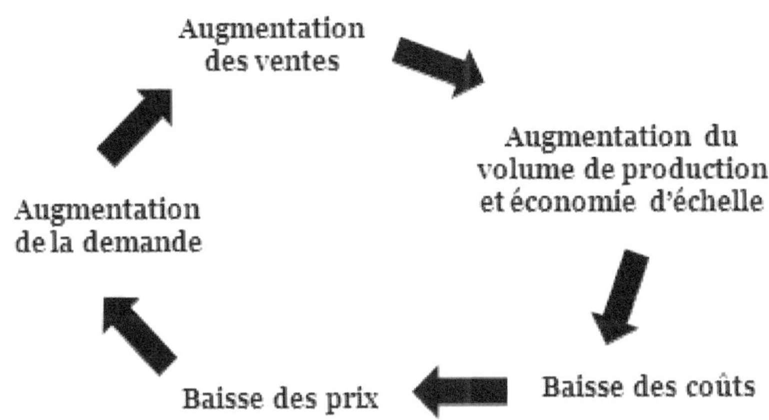

Néanmoins, la stratégie de domination par les coûts comporte certains **risques** :

- **Risque de guerre des prix** : l'adoption simultanée de cette stratégie par plusieurs acteurs du marché conduit à sacrifier les marges et la rentabilité.

- **Risque de surcapacité** : l'augmentation des volumes pousse à investir beaucoup. L'évolution du marché ou une mauvaise évaluation de la taille peut mettre l'entreprise en situation de surcapacité. Elle souffre alors de déséconomies d'échelle, dégradant sa structure de coût.

- **Risque de rigidité** : l'entreprise est concentrée sur la baisse des coûts et doit vendre le même type de bien le plus longtemps possible pour bénéficier d'économies d'échelle. Elle perd en capacité d'adaptation et en réactivité et risque de se faire concurrencer par une entreprise plus innovante, présentant un nouveau produit.

En résumé, la stratégie de domination par les coûts s'appuie donc sur la recherche de **l'effet volume**, pour une **diminution des coûts**, avec souvent à la clé une guerre des prix. Quelques exemples :

* Les éditions Harlequin, grand éditeur canadien de livres publient jusqu'à 110 titres par mois, un volume considérable pour un éditeur.
* Les géants américains du VTC, Uber et Lyft, mènent une bataille des prix impitoyables pour recruter de nouveaux consommateurs et atteindre une taille critique.
* Autres grands acteurs de l'économie numérique, Netflix et Amazon Prime Video se livrent à une véritable guerre pour bâtir le catalogue de contenus le plus large.

Attention toutefois, si les coûts diminuent dans le temps, notamment avec l'effet volume et expérience, la firme peut ne pas s'engager dans une guerre des prix mais adapter celui-ci au cours du temps selon sa **stratégie commerciale** (fixer d'abord un prix très bas, stratégie de pénétration, puis profiter de la baisse des coûts sans impacter à la baisse le prix, stratégie ombrelle, puis aligner ses prix sur la réduction des coûts, stratégie d'alignement, pour finalement remonter ses prix après la sortie des concurrents du marché, stratégie d'écrémage).

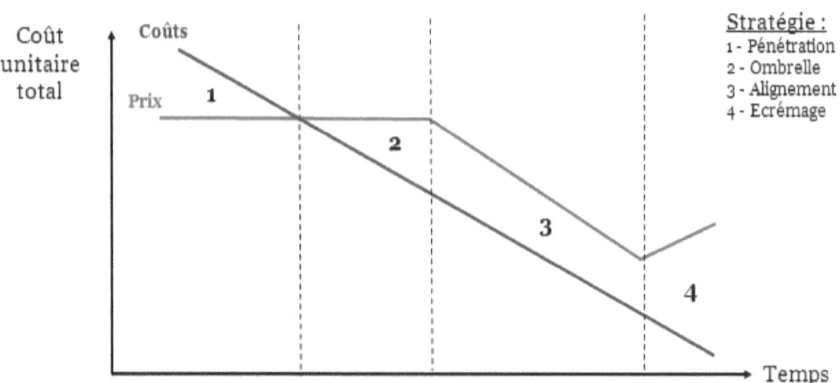

D'après Strategor 7ᵉᵐᵉ édition (F. Leroy, B. Garrette, P. Dussauge, R. Durand, L. Lehmann-Ortega)

La différenciation

La stratégie de différenciation consiste à **proposer une offre différente de celle des concurrents**, **plus créatrice de valeur** et à un tarif supérieur aux offres de référence. L'objectif est d'installer un **positionnement unique dans l'esprit du client** en jouant notamment sur la valeur perçue, ce qui permet d'échapper à la concurrence directe par le prix et constitue ainsi son avantage concurrentiel. Cette stratégie est appropriée pour des **produits généralement complexes et présentant une forte valeur ajoutée**.

La stratégie de différenciation est marquée par la prédominance des facteurs clés de succès liés à la qualité, l'innovation, l'image de marque, la distribution et les services associés et par une **faible sensibilité des clients au prix**. Cette stratégie se traduit par une amélioration de la marge, générée par des prix plus élevés que les concurrents.

La différenciation nécessite aussi d'optimiser le fonctionnement de chaque étape de la chaine de valeur en identifiant les fonctions susceptibles de créer cette valeur supplémentaire. Pour réussir durablement l'entreprise devra maintenir et justifier ce surplus de valeur sur la durée (exemple : nouvelles offres de Nespresso).

Approche plus économique de la différenciation : **les offres non identiques sont seulement partiellement en concurrence**. On parle de concurrence imparfaite ou concurrence monopolistique (qui s'oppose à la concurrence pure et parfaite).

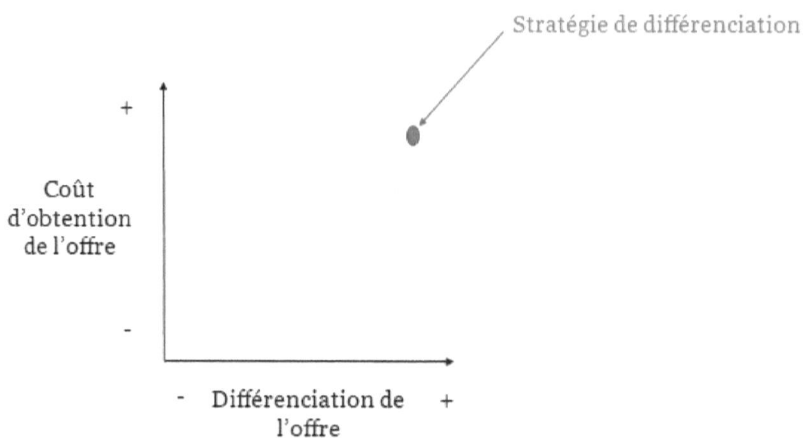

Adaptation de Stratégie, Openbook, Franck Brulhart, Christophe Favoreu, Sandrine Gherra

Les différents **modes de différenciation** :

- **Différenciation verticale** : niveau de **qualité**, de **fiabilité** ou de **fonctionnalités** incontestablement supérieur.

- **Différenciation horizontale** : repose sur la **variété** des offres et des goûts.

- **Différenciation illusoire / pseudo-différenciation** : **action marketing**, publicitaire, promotion pour modifier les préférences des consommateurs.

- **Différenciation spatiale** : condition d'usage selon le **lieu**, fonction de la localisation.

- **Différenciation stratégique** : se rapproche d'une **logique de diversification** (on différencie la proposition de valeur).

La « ***balance de différenciation*** » : différentiel de prix que l'entreprise est capable de faire supporter à ses clients en échange de la différentiation et survaleur apportée. **Le risque est d'assurer la bonne adéquation entre les investissements consentis et la valeur créée pour préserver la rentabilité.**

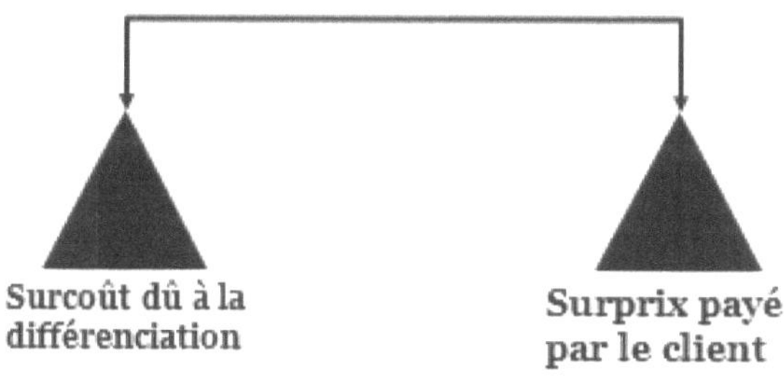

D'après Management stratégique, 10ème édition

Exemple : différenciation coûteuse et croissance potentiellement difficile à maitriser pour Bang & Olufsen sur des « *produits d'ingénieurs* ». Risque de rencontrer le « *non willingness to pay* ».

L'entreprise s'appuie sur **deux leviers différenciation : technologique et marketing**.

- **Axes techniques** : performance, qualité, fiabilité, caractère éthique, respect de l'environnement naturel, design original, caractère innovant, noblesse des matériaux utilisés, efficacité des services associés, compétences des personnels, conseil au client, qualité de l'accueil…

- **Axes marketing** :

  - Identifier les éléments de l'offre qui peuvent être valorisés par le client.

▫ Optimiser la perception par le client de la valeur et son caractère différencié en jouant sur la communication, la réputation, l'image de marque.

▫ Un concurrent présentant une offre de moindre valeur réelle peut cependant développer une valeur perçue plus importante par les leviers du marketing.

▫ Il faut donc créer une différenciation réelle et objective, puis s'assurer de sa prise en compte par le client comme offre incomparable, subjective.

La différenciation peut se décliner de **différentes façons** :

- **Différenciation par le produit**.

Exemple de Bose avec ses produits high-tech miniaturisés et de haute qualité pour les fans exigeants de musique.

Hermès qui cultive une image de marque luxueuse, tout en se différenciant par sa créativité, le design de ses produits ainsi que la qualité des matières premières utilisées.

- **Différenciation par le service**.

L'enseigne Darty s'est fait connaitre par son service après-vente. Fort son expérience et de la confiance nouée avec ses clients, Darty propose des offres multi-services avec Darty +.

Amazon se différencie également de ses concurrents dans le e-commerce par l'excellence et la réactivité de son service après-vente en cas de réclamation, en accordant sa confiance au client.

- **Différenciation par la marque, l'image, aspect symbolique**.

  Nespresso cultive son image d'exclusivité, donnant l'impression au client d'appartenir à un club select quand il achète du café.

  Patagonia joue de son côté sur son image fortement associée à la préservation de l'environnement.

- **Combinaison de plusieurs critères de différentiation** comme chez Rolex, qui combine à la fois image de marque et très haute qualité, dans un refus constant de banalisation de la marque.

L'approche par analyse de la chaine de valeur permet d'identifier et de détailler les fonctions qui créent de la valeur, par exemple :

Logistique amont	Production	Logistique avale	Marketing	Ventes	Services
Respect des délais, des conditions de transport et de stockage, impact positif sur les coûts/qualité de la production.	Responsable de la qualité perçue par le client. Zara avec un outil de production flexible	Respect des délais de livraison vers les distributeurs et clients finaux, logistique du dernier kilomètre	Pertinence de la construction de l'offre et adaptation aux besoins des clients	Efficacité du service commercial. Mise en place de CRM (Customer Relationship Management)	SAV et amélioration de la valeur de l'offre. Exemple : Darty

L'observation des stratégies de différenciation permet d'identifier deux **principaux risques** :

- **Risques de dégradation de la différenciation** : difficulté à maintenir la différenciation dans la durée. D'une part la spécificité de la valeur proposée par l'offre. D'autre part la perception positive des clients. L'entreprise s'expose aux attaques des concurrents susceptibles de l'imiter. Risque de dégradation d'image : la contrefaçon qui fait perdre du chiffre d'affaire, et l'appropriation de la marque par une cible client non souhaitée…

- **Risque de surcoût de la différenciation** : poursuivre une stratégie de différenciation sans prêter attention aux coûts générés par l'amélioration de l'offre, diminuant la rentabilité. L'entreprise doit contrôler ses coûts et doser pour trouver le bon équilibre. Elle ne peut pas augmenter indéfiniment ses prix.

Stratégie hybride

Avec la concurrence, les clients sont de plus en plus exigeants. Les firmes tentent donc de combiner les stratégies de domination par les coûts et la différenciation : **la stratégie hybride**.

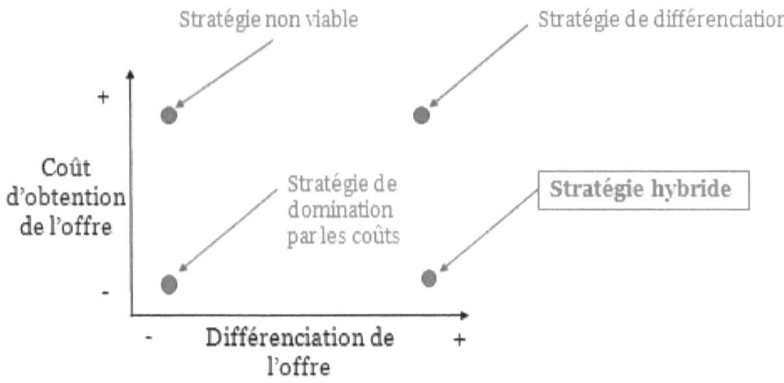

Adaptation de Stratégie, Openbook, Franck Brulhart, Christophe Favoreu, Sandrine Gherra

Mais Michael Porter met en évidence le risque de la stratégie hybride : l'effet « *enlisement dans la voie médiane* ». En réalité, la **nature de l'investissement** à mettre en œuvre est en effet **très différente** dans la chaine de valeur. Le risque est une trop forte augmentation des investissements et des dépenses pour tenter de concilier des objectifs opposés : risque de dispersion des ressources. De plus l'offre sera mal positionnée au niveau prix et au niveau différenciation dégradant la performance et la rentabilité.

La recherche économique démontre au final que les stratégies génériques pures sont plus rentables que les stratégies hybrides. Ce qui n'empêche pas beaucoup d'entreprises de tenter de développer une stratégie hybride ! A la recherche du meilleur rapport qualité/prix…

L'effet « *enlisement dans la voie moyenne* » peut se représenter sur le graphique suivant :

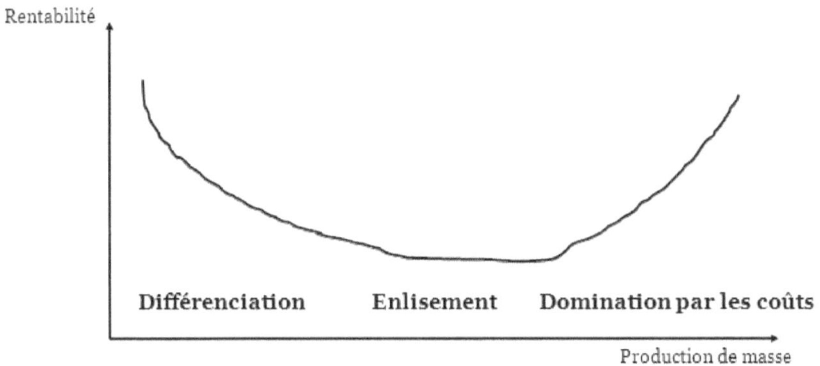

D'après Michael Porter

Dans le secteur de l'ameublement, si les enseignes But et Conforama sont positionnés sur une stratégie de domination par les coûts, d'autres enseignes comme Rochebobois ou Ligne Roset ont misé sur la différenciation. Attention pour ces enseignes à ne pas tomber dans un enlisement vers la voie moyenne.

Pour dépasser cette impasse stratégique, Michael Porter développe le concept de « ***stratégie à thème majeur*** » ou à « ***thème dominant*** ». L'objectif n'est pas de s'enliser dans la voie médiane en développant à égalité différenciation et domination par les coûts, mais en développant une **stratégie à thème majeur** consistant à **faire un choix, sans pour autant totalement négliger le thème mineur**.

Exemple dans l'automobile, sur le segment des voitures compactes : le thème majeur est la domination par les coûts (économies d'échelle, délocalisation de la production, automatisation, standardisation…) mais avec une dose de différenciation (personnalisation possible grâce à la différenciation retardée, les finitions, le choix des options…).

Ikea est un autre exemple typique de la **stratégie hydride** :

- **Thème majeur : domination par les coûts**
  - Conception/design sous contrainte de coûts.
  - Choix des matières premières bons marchés.
  - Délocalisation de la production dans des pays à bas salaires.
  - Service réduit au minimum (SAV, livraison).
- **Thème mineur : différenciation**
  - Design scandinave.
  - Montage de meuble en kit.
  - Univers Ikea.

Dans la réalité, il existe donc **peu de stratégie générique pure** ou hybride, mais essentiellement des stratégies à « *thème majeur* ».

Stratégie de niche

La stratégie de niche ou « *focalisation* » ou encore « *concentration* » consiste à concentrer ses efforts non pas vers la totalité d'un marché de masse, déjà très concurrentiel, mais **vers une cible très spécifique**. La focalisation consiste à s'intéresser à un segment de clientèle très particulier, ou la **concurrence est faible**, pour développer une nouvelle gamme de produits ou de services. L'objectif de cette stratégie est de détenir des parts de marchés importantes dans ce segment plus étroit, permettant de dégager des marges supérieures en augmentant le prix de vente. Le **risque** de la stratégie de niche est cependant de s'adresser à **segment trop étroit**, ne permettant pas d'assurer la rentabilité.

Quelques exemples de marché de niches :

- Clio est un tour opérateur spécialisé dans l'organisation de voyages à caractère culturels et historiques.
- La Kenguru car a été spécialement conçu pour accueillir un conducteur en fauteuil roulant.
- Hulu, plateforme de VOD propose une offre différente des géants du secteur (Netflix, Amazon Prime Video) avec du sport en direct, de l'information ou encore des séries qui ne sont pas diffusées pas bloc mais mise en ligne chaque semaine.
- Filmo TV, autre plateforme de VOD se consacre davantage à la diffusion de films anciens pour les amateurs de cinéma classique.

Cas particulier du marché de niche, la stratégie « *longue traine* » ou « *long tail* », terme popularisé par Chris Anderson, entrepreneur, journaliste et essayiste. Traditionnellement, dans une gamme de produits donnés, il y a un **« best-seller » et quelques gros challengers**. Avec la contrainte des coûts fixes, les produits moins populaires ne sont ni produits ni vendus car les quantités ne couvrent pas ces coûts fixes. Seul subsiste le **marché de masse** (best-seller + gros challengers). Cependant, avec la digitalisation, le coût marginal devient nul : la mise en vente d'un produit supplémentaire ne suscite pas de coûts supplémentaires. **On peut donc mettre en vente des produits moins populaires** mais qui ont un public, même restreint. Ces offres trouveront une demande.

Chris Anderson

Quelques exemples :

- Musique : distribution de nombreux artistes sur internet.

- Livre : davantage de titres publiés, impression à la demande, livres rares.

- Télévision/streaming : chaines thématiques, vieilles séries, films rares.

La stratégie de la « *longue traine* » peut se modéliser graphiquement en comparant les volumes de ventes par rapport au nombre de références. Une stratégie qui s'applique à de nombreux acteurs de la digitalisation (Amazon marketspace, chapitre.com, Netflix, Ebay, Spotify...).

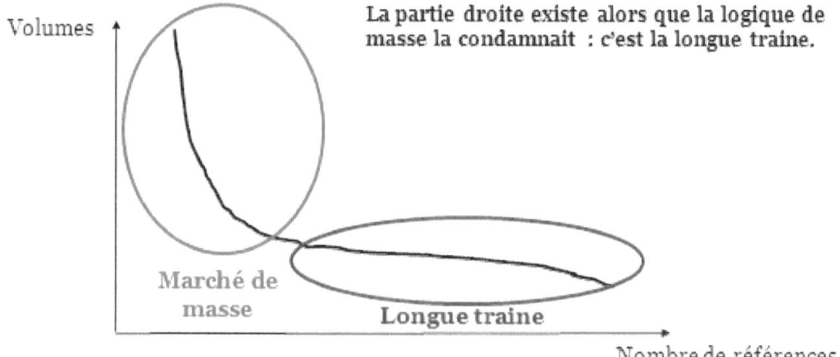

D'après Chris Anderson, la longue traine

En résumé, la « longue traine » permet, grâce à la digitalisation, de **transformer de nombreux marchés de niche en marchés de masse**.

Internalisation/Externalisation

Pourquoi l'externalisation ?

Deux principaux facteurs. d'abord la nécessité de créer plus de valeur pour les actionnaires. Ensuite, l'émergence de nombreuses sociétés de prestations spécialisées.

L'amélioration de la performance passe par l'externalisation de certaines fonctions de la chaine de valeur.

Quelles activités sont le plus externalisées (étude Cegos 2011) ?

- Informatique/télécommunications (> 95%)

- Logistique/transport (> 90%)

- Production/maintenance industrielle (>70%)

- Ressources humaines/formation (60%)

- Services généraux/facility management (50%)

- Marketing/Ventes/SAV (30%)

- Finances/comptabilité (30%)

- R&D (20%)

- Achats (10%)

Historiquement, les externalisations se sont faits **par vague** :

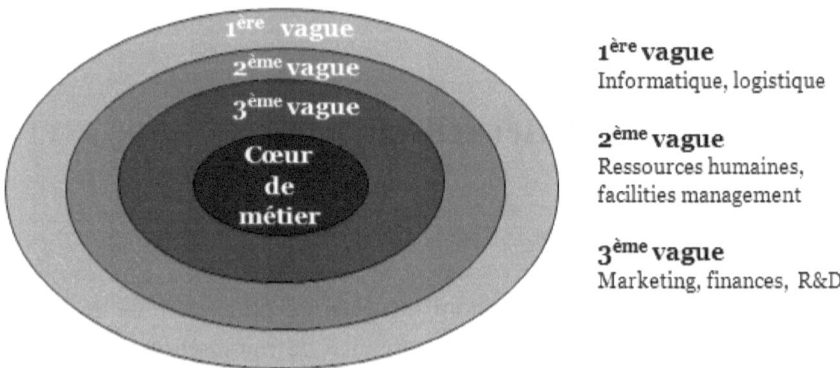

Adaptation de La boite à outils de la stratégie d'entreprise

Dans la littérature économique, le choix ou non d'externaliser une activité renvoie à la **théorie des coûts de transaction** d'Oliver Williamson, prolongement des travaux sur la théorie des frontières de la firme de Ronald Coase. Williamson stipule la justification de l'intégration ou non d'une activité à la firme par la prise en compte des **coûts de transaction** de la firme (coûts spécifiques ex ante, ex post) et dans la décision stratégique de recourir ou non au marché (choix d'internalisation ou d'externalisation). Les coûts dits « *ex ante* » se composent notamment des coûts de prospection, de sélection, de négociation, tandis que les coûts « *ex post* » renvoient aux coûts de surveillance de l'exécution du contrat, de renégociation…

Cette théorie des coûts de transaction repose sur l'hypothèse d'une information imparfaite, de rationalité limitée des acteurs, de comportements opportunistes et d'aléa moral, empêchant de rédiger des contrats complets, à l'origine de ces coûts « ex ante » et « ex post » de transaction. En plus des coûts de production et de la question de la spécificité des actifs, la firme doit donc intégrer dans sa décision la prise en compte des coûts de transaction. Si ceux-ci sont trop élevés, il est préférable d'internaliser que de recourir au marché.

Les principales formes d'externalisation :

- **Traditionnelle** : l'entreprise confie de façon répétée le management d'une activité peu sensible à un fournisseur ou un prestataire (Exemple : paie, comptabilité).

- **Traditionnelle avec transfert de ressources** : peu sensible et jusque-là intégrée (Exemple : services généraux).

- **Stratégique avec transfert de ressources** : activité sensible, jusque-là en interne (Exemple : logistique, informatique, GRH).

- **Stratégique** : activité sensible, confiée de façon répétée à un fournisseur (Exemple : production, SAV, R&D).

Quelques exemples d'externalisation :

- Externalisation de la production : Nike vers l'Asie.

- Externalisation de l'informatique : AT&T aux Etats-Unis pour de nombreuses firmes américaines.

- « Facility Management » : Sodexo pour de nombreuses cantines d'entreprises en France.

Les principaux **avantages** de l'externalisation :

- **Réduction des coûts** de l'activité externalisée (prestataires spécialisés, économies d'échelle du sous-traitant).

- **Amélioration de la gestion** de l'activité externalisée (cas où les activités ne sont pas bien gérées en interne).

- **Recentrage sur le « cœur de métier »** de l'entreprise.

Mais des **inconvénients** :

- **Perte du savoir-faire** et des compétences.

- **Risque de dépendance** au prestataire.

- **Risque social** (transfert de personnel…).

La décision d'externaliser ou non fluctue au cours de la vie de l'entreprise entre besoin de maitriser les compétences (qui pousse à l'internalisation) et volonté de gagner en efficacité et de réaliser des économies (qui pousse à l'externalisation). Une décision stratégique qui renvoie au « *balancier externalisation-internalisation* » comme le montre le modèle ci-dessous :

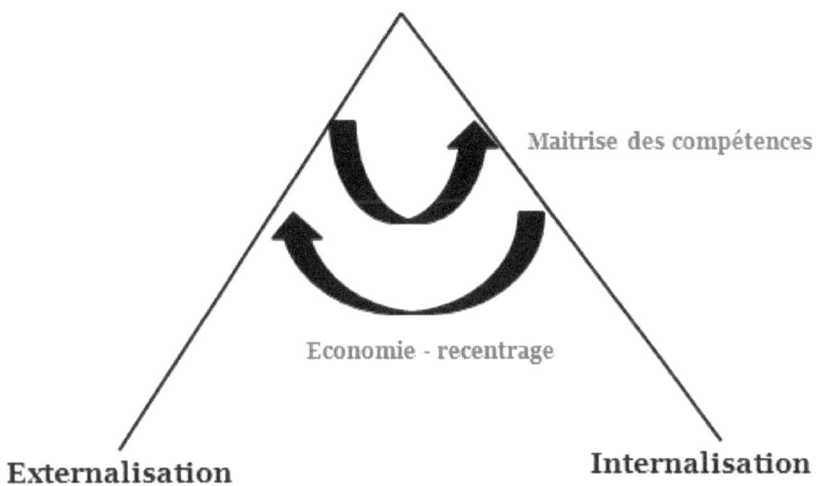

D'après Management stratégique, 10ème édition

Une politique d'externalisation suppose également une définition et une gestion des contrats. Pour la réalisation d'une bonne sous-traitance les contrats doivent être rédigés avec :

- **Précision** : sinon faible qualité de service et coûts élevés.

- **Complétude** : risque de renégociation coûteuse sinon.

- **Flexibilité** : faire face aux évolutions de l'environnement.

- **Equilibre** : éviter les déséquilibres.

Il convient donc de prendre garde aux **erreurs classiques** qui guettent la stratégie d'externalisation :

- Externaliser des activités qui ne devraient pas l'être.

- Choisir un mauvais prestataire.

- Rédiger un mauvais contrat.

- Sous-estimer les questions liées au personnel.

- Perdre le contrôle sur l'activité externalisée.

- Sous-estimer les coûts cachés de l'externalisation.

- Ne pas prévoir la sortie d'une relation d'externalisation.

Même lorsque l'externalisation est souhaitable, le succès n'est jamais assuré. Pour réussir une externalisation, il faut savoir gérer le fournisseur, le prestataire. Le cas du Boeing 787 Dreamliner, très largement sous-traité s'est révélé très complexe à mettre en oeuvre avec plusieurs niveaux de sous-traitance, engendrant des retards et des difficultés industrielles, même si le programme reste une réussite.

Intégration verticale

La problématique de l'intégration verticale renvoie au choix entre **internalisation** et **externalisation** sur la chaine de valeur.

L'intégration verticale peut soit :

- Renforcer la différenciation en assurant la maitrise d'un nombre plus important d'étapes de la chaine de valeur.

- Réduire la structure des coûts en réorganisant sa chaine de valeur à partir des fonctions qui ont été internalisées.

On distingue **deux formes** d'intégration verticale selon sa position sur la chaine de valeur :

- **Amont** : composants, technologies, matières premières qui seront incorporés dans l'activité d'origine.

- **Aval** : couvrir une activité ou une industrie qui jusqu'à présent utilisait, distribuait ou vendait des produits ou services.

On parle aussi d'**intégration verticale complète** lorsque l'ensemble des activités de la « filière » de l'amont vers l'aval sont intégrées. A contrario, **on parle d'intégration verticale partielle** lorsque l'intégration verticale ne couvre que certaines activités d'une « filière » (en amont ou en aval).

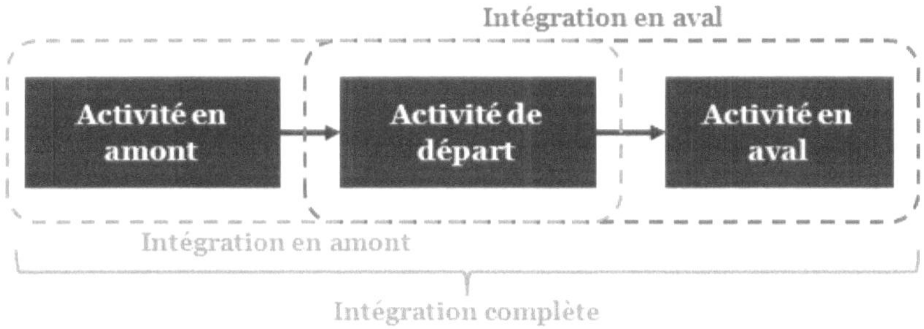

La notion d'intégration verticale renvoie ainsi à la notion de « *filière* », terme qui désigne l'ensemble des acteurs et des métiers complémentaires, de l'amont vers l'aval de la chaine de valeur, tous ceux qui vont concourir à la réalisation du produit ou du service. Cela permet d'identifier où commencent et où s'arrêtent les activités de l'entreprise, pour repérer les éventuelles opportunités de modification du périmètre.

Exemple avec la filière de l'industrie pétrolière :

- Prospection

- Extraction

- Négociation

- Transport amont

- Raffinage

- Transport local

- Distribution

Une entreprise peut décider de s'intégrer verticalement pour différentes raisons :

- **Renforcer ses performances** dans son activité existante.

- **Contrôler la filière** et créer des barrières à l'entrée pour ses concurrents.

- **Accéder à une ressource rare** et en priver ses concurrents.

- **Contrôler une activité** en amont ou en aval qui crée de la valeur ajoutée.

- **Améliorer la qualité** de ses produits et de ses services par un meilleur contrôle de l'ensemble de la chaine de valeur.

- **Mieux gérer la fluidité dans la filière** pour plus de réactivité.

Il existe cependant quelques **alternatives** à l'intégration verticale :

- La **mise en concurrence**, via une politique double source par exemple (deux fournisseurs en concurrence).

- Les démarches dites de « *quasi-intégration* » par contrat de long terme ou franchise.

Quelques exemples d'intégrations verticales en amont :

- Zara a construit une meilleure fluidité et une plus grande rapidité de sa production par l'intégration verticale en fabricant dans ses propres usines et en maitrisant elle-même sa logistique. Dans le secteur de l'habillement, la production en petites séries a en effet supplanté la production de masse à deux collections par an par un renouvellement permanent. Zara a besoin de produire et de réagir immédiatement à l'évolution des tendances, et a besoin de devancer la demande : mise en place d'un circuit court très intégré pour un « design to rack » de seulement 15 jour !.

- Décathlon maitrise l'ensemble de la chaine de valeur, de la conception à la distribution d'articles de sport, en passant par la fabrication. Le tout en s'appuyant sur de puissants services marketing et de R&D pour capter et traduire les nouveaux besoins des clients et les développer en laboratoires.

- LVMH, à l'occasion du rachat de Heng Long (fournisseur de cuir), devient propriétaires d'élevages de… crocodiles.

- Amazon, Netflix de la distribution à la création et production de contenus. Les deux géants investissent dans des studios hollywoodiens et proposent des séries originales.

Quelques exemples d'intégrations verticales en aval :

- Apple préfère maitriser et soigner sa distribution en mettant en valeur ses produits dans des Apple Store.

- Pendant un temps, Pepsico a détenu une participation importante dans Pizza Hut. Un moyen d'assurer la distribution de ses produits dans les lieux mêmes de sa consommation (restaurants).

L'effet « Reine rouge »

A l'heure actuelle, on observe une grande volatilité des positions concurrentielles. Les entreprises performantes voient soudainement leur résultat se dégrader. Elles s'exposent à une remise en question de leur réussite. A titre d'exemple, en 2005, moins de 20 entreprises américaines dans le top 100 en 1965 le sont encore.

Quelques explications :

- Accélération des changements et complexité croissante de l'environnement.

- Les concurrents vont plus vite et avec des changements plus radicaux.

Dans Alice au pays des merveilles, Alice et la Reine rouge ont l'échange suivant :

Alice : « *Mais, Reine Rouge, c'est étrange, nous courons vite et le paysage autour de nous ne change pas ?* »

La Reine rouge : « *Ici, il faut courir pour rester à la même place. Pour aller quelque part, il faudrait courir deux fois plus vite* »

C'est ce que l'on appelle **l'effet « *Reine Rouge* »** : l'impossibilité d'améliorer sa performance et de développer un avantage concurrentiel de manière durable à cause de la modification permanente de l'environnement. La recherche d'une adaptation à l'environnement concurrentiel ne peut conduire au mieux qu'à un maintien ou à une faible amélioration de la position concurrentielle. Le fait pour l'entreprise de courir plus vite ne lui permet pas de gagner en compétitivité car ses concurrents font de même.

Stratégie « Océan bleu »

De l'effet « *Reine Rouge* » à… « *l'Océan Rouge* » :

Pour contrer l'effet « *Reine rouge* », les entreprises vont pourtant commettre l'erreur d'adopter des business models similaires et tenter chacun d'être les meilleurs. Les offres se banalisent et les entreprises se focalisent sur les mêmes innovations incrémentales, signant l'émergence d'un modèle de pensée dominant. Les entreprises en compétition font de la **surenchère** des ressources **pour maintenir leur position**. La pression sur les prix est forte et **les marges s'effondrent**. C'est l'effet « *Océan rouge* », selon la terminologie de W. Chan Kim et Renée Mauborgne, enseignants chercheurs à l'INSEAD. Rouge, de la couleur du sang des concurrents qui se déchirent, comme les requins dans l'océan...

Les auteurs soulignent ainsi que tenter d'égaler les meilleurs en se positionnant sur leur terrain ne fait que renforcer cet « Océan rouge » et est souvent voué à l'échec.

De « *l'Océan rouge* » à « *l'Océan bleu* » :

L'« *Océan bleu* » invite au contraire à abandonner l'approche classique fondée sur l'adaptation permanente à l'environnement ultra concurrentiel. L'entreprise doit plutôt développer une approche proactive fondée sur **l'innovation stratégique** pour créer des conditions plus favorables. L'idée est d'explorer un chemin inattendu en faisant **émerger un nouveau business model** en s'appuyant sur de nouveaux facteurs clés de succès. La stratégie « *Océan bleu* » consiste ainsi à sortir d'un environnement concurrentiel saturé pour **créer un nouvel espace stratégique**.

Les **principes de la stratégie « *Océan bleu* »** :

- **Ouvrir et conquérir des espaces stratégiques encore vierges**, dans un territoire concurrentiel radicalement nouveau, **hors d'atteinte de l'attaque des concurrents** et propice à une plus forte rentabilité, en créant une demande et des opportunités nouvelles.

- C'est donc **une stratégie de rupture** consistant à explorer les vastes opportunités d'innovations cachées dans les activités à priori plus banales pour élargir les frontières d'une activité existante et conquérir un territoire vierge.

- **Identifier les non-clients et les interstices libres** entre deux offres existantes.

- Les deux objectifs finaux de cette modification sont **l'amélioration de la proposition de valeur** et **l'optimisation du modèle de profit**.

La **recomposition du business model** s'appuie ainsi sur :

- La **suppression** ou **l'atténuation** des éléments de l'offre qui sont historiquement au cœur des efforts concurrentiels du secteur mais n'apportent que peu de valeur comparativement aux coûts engagés.

- La **création** ou le **renforcement** des éléments de l'offre qui sont négligés et qui sont susceptibles de créer une valeur ou une demande nouvelle.

La stratégie « *Océan bleu* » propose un nouvel assemblage de critères de création de valeur pour le client en combinant les quatre actions portant sur les attributs traditionnels d'une offre : **Exclure, Atténuer, Renforcer, Créer**.

Exemple de recomposition des **attributs de l'offre** pour la Dacia Logan :

Exclure Luxe	Renforcer Robustesse Espace intérieur
Atténuer Confort	Créer Segment de prix low cost

D'après l'As de la stratégie

Dans une réflexion « *Océan bleu* », à qui s'adresser ? → **Aux non-clients**

- Premier cercle : **non-clients «** *imminents* **»** (qui ne sont pas encore client, mais qui pourraient le devenir avec un minimum d'efforts).

- Deuxième cercle : **non-clients «** *anti* **»** (qui sont contre les solutions existantes).

- Troisième cercle : **non-clients « *inexplorés* »** (qui n'ont jamais été considérés par les offres existantes).

Il convient aussi de **réinterroger l'ensemble des postulats** (exemples) :

- Si un produit est acheté par des hommes comment faire pour que les femmes s'y intéressent ?

- S'il est distribué exclusivement via des professionnels intermédiaires, peut-on cibler directement le client final ?

- S'il est réservé à un monde de connaisseurs, peut-on le vulgariser ?

En résumé, la stratégie « Océan bleu » est un objectif de **création de valeur hors de la compétition**.

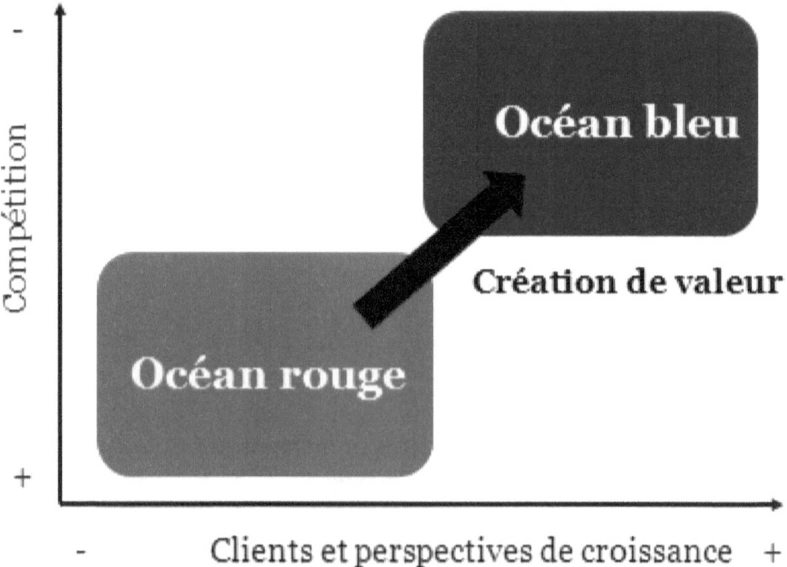

D'après l'As de la stratégie

Exemple d'application de la stratégie « *Océan bleu* » avec Yellow Tail, un vin australien qui se propose de revisiter les caractéristiques du vin :

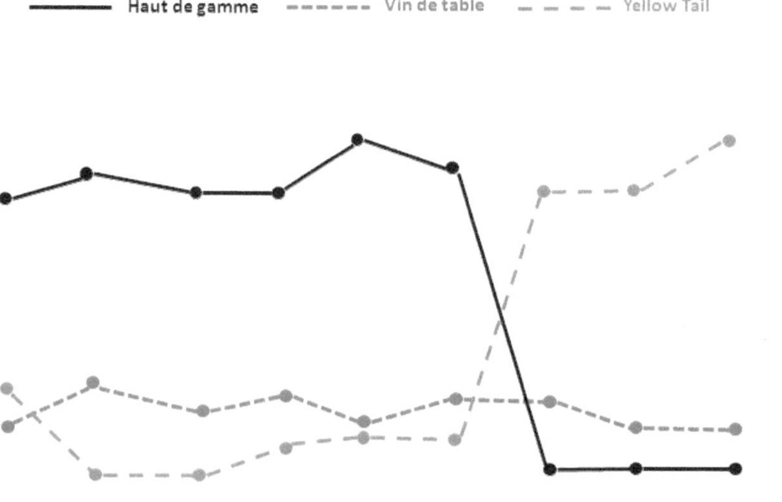

Adaptation de La boite à outils de la stratégie d'entreprise

Suppression :	**Création :**
- Communication : sur les qualités des vins et critère œnologiques - Marketing : pas de publicité - Complexité du goût : produit accessible à tous, pas subtilité goût	- Côté fun du produit : le kangourou du logo, couleur jaune et orange
Atténuation :	**Renforcement :**
- Vieillissement : production simplifiée, peu de stock - Réputation du vignoble : uniquement « Australian wine » - L'étendue de la gamme : uniquement chardonnay blanc et syrah rouge	- Facilité de choix : des étiquettes simples et originales, facilement identifiables - Facilité à boire : facilité à boire (douceur fruitée, moelleux) - Prix : positionnement médian entre vins fins et vins de table

197

Exemple d'application de la stratégie « *Océan bleu* » avec le Cirque du soleil, une nouvelle approche par rapport au cirque traditionnel :

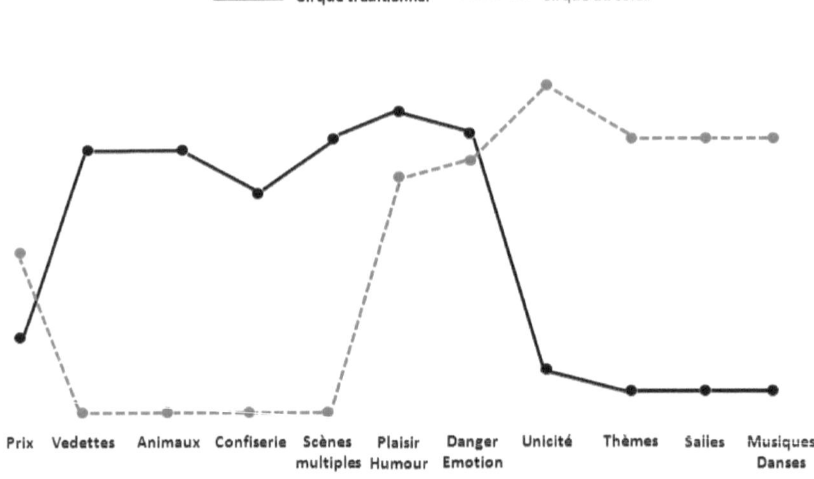

Adaptation de La boite à outils de la stratégie d'entreprise

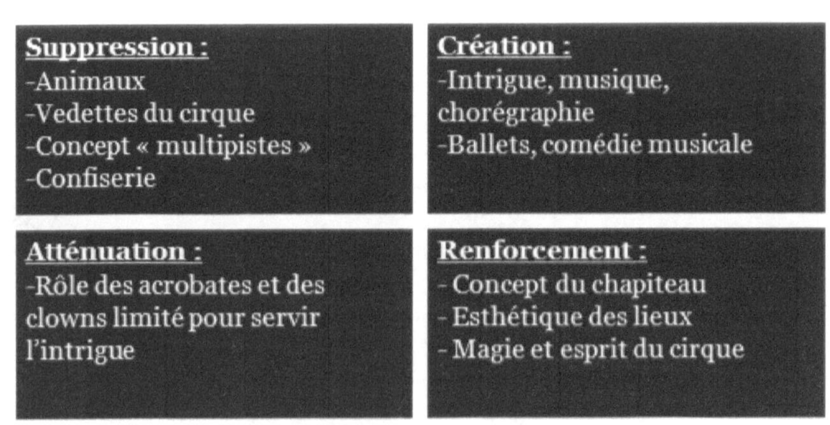

Pour synthèse, comparaison entre « *Océan rouge* » et « *Océan bleu* » :

Stratégie Océan Rouge	Stratégie Océan Bleu
Agir dans le périmètre stratégique existant	Créer un nouvel espace stratégique
Gagner des parts de marché sur les concurrents	Mettre la concurrence hors jeu
Répondre à la demande existante	Créer une nouvelle demande par une offre créatrice
Arbitrer entre valeur et coût	Concilier création de valeur et compétitivité prix

D'après Kim et Mauborgne 2005

De « *l'Océan bleu* » à « *l'Océan gris* » ?

L'approche océan bleu présente une limite : elle n'est pas une garantie de succès, mais assure seulement un avantage temporaire. Un innovateur dans un océan bleu peut être rattrapé voir dépassé. Chercher des territoires inexplorés permet en effet de déplacer le jeu concurrentiel plutôt que définitivement s'en extraire. **L'océan bleu ne l'est donc que temporairement et risque de redevenir rouge.** Le cirque du soleil a donné naissance à de nombreux imitateurs (le Rêve, le Cirque Ingénieux, Cavalia…). Le vin Yellow Tail a lui aussi été copié par des concurrents : Dancing Bull, The Little Penguin, Mad Fish.

La question est donc : **comment rendre son succès durable ?** Comment viser un marché où les concurrents n'ont pas envie d'aller ? Il convient pour cela d'adopter une **stratégie que les concurrents ne voudront pas imiter. L'océan doit être « *gris* »** pour eux. L'idée ne devra pas être imitée facilement en jouant par exemple sur les barrières à l'entrée (au premier plan, l'utilisation de la propriété intellectuelle). Une approche « *Océan gris* » doit donc consister à proposer une offre qui obligerait le concurrent à renier ses engagements stratégiques, à sacrifier une position acquise. Ainsi, Sony a refusé de suivre les innovations autour du format MP3 pour ne pas sacrifier sa maison de disque Sony Music.

Hypercompétition

Comme évoqué précédemment dans l'effet *« Reine Rouge »*, l'environnement économique de l'entreprise est marqué par de **nombreux changements** : volatilité croissante des marchés, mondialisation, déréglementation, des frontières bouleversées, développement des TICs (Technologies de l'Information et de la Communication), innovations, nombreux crises économiques, des environnements de plus en plus instables, une accélération du temps, des règles du jeu qui changent en permanence…

Des changements qui se traduisent surtout par une **intensification de la concurrence**. Richard d'Aveni parle d'*« hyper-concurrence »* ou *« hypercompétition »* se caractérisant par :

- Un environnement très instable.

- Une destruction des positions établies.

- Des déséquilibres permanents.

- Un avantage concurrentiel éphémère.

Pour d'Aveni : *« L'hypercompétition résulte de la dynamique de manœuvres stratégiques des concurrents sur les marchés mondiaux et d'innovations »*. Ou encore : *« En hypercompétition, la fréquence, l'audace et l'agressivité des mouvements dynamiques des compétiteurs accélèrent la constitution de déséquilibres et changements constants »*.

Pour d'Aveni, **quatre facteurs** peuvent être vus comme à l'origine de l'hypercompétition :

- La demande des consommateurs.

- L'évolution des savoirs.

- Le déclin des barrières à l'entrée.

- La fréquence croissante des alliances entre firmes.

Se pose alors la question : quelle stratégie adopter en contexte d'« *hypercompétition* » ?

- **Prendre de vitesse** ses concurrents et générer du désordre.

- L'avantage concurrentiel repose sur la **réactivité**, **l'innovation**, **l'agilité** et la capacité de l'entreprise à **se transformer** en permanence.

- **Restructurer son portefeuille**, réduire de taille, réinventer le secteur.

- La **stratégie offensive** (**mouvement permanent**) est à privilégier par rapport aux stratégies défensives (barrières à l'entrée…).

En résumé, si nous comparons l'hypercompétition à la compétition classique (statique), les stratégies à adopter doivent significativement changer comme le détaille le tableau qui suit.

Compétition statique	Hyper compétition
Environnement stable	Environnement instable
Technologie stable	Changement permanent de technologie
Peu d'innovation	Innovation permanente
Stabilité stratégique	Agilité stratégique
Organisation stable	Organisation flexible

Adaptation de Stratégie, Openbook, Franck Brulhart, Christophe Favoreu, Sandrine Gherra

En termes de cycle de vie des produits, l'entreprise doit anticiper beaucoup plus ses lancements pour préparer la riposte de plus en plus rapide de ses concurrents :

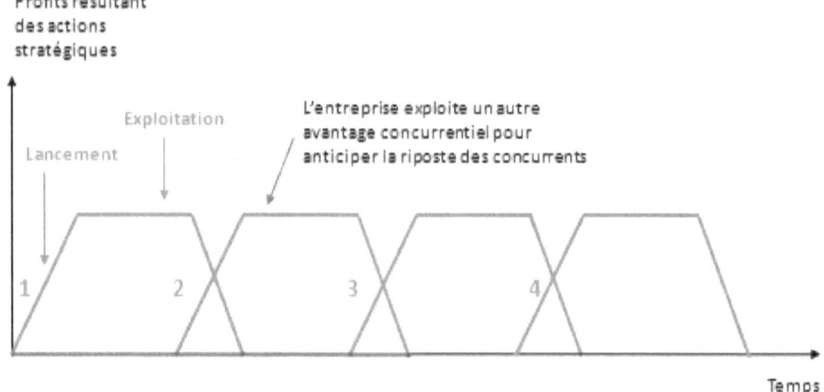

Adaptation de Strategor, édition 7

Business Model Canvas

La notion de « *business model* » est apparue pendant la bulle internet à la fin des années 1990 et se traduit par « *modèle économique* » ou « *modèle d'affaires* » par lequel une société crée de la valeur.

Le business model est la combinaison de **trois éléments** :

- **Proposition de valeur** (quel client ? quel produit ou service ? A quel prix ?).

- **Architecture de la valeur** (quelle chaine de valeur ? quel processus opérationnel ?).

- **Modèle de profit** (quel chiffre d'affaire ? quelle structure des coûts ? quels capitaux ?).

Quel est **l'objectif** du Business Model ?

- Convaincre les banques, les investisseurs.

- Démontrer la proposition de valeur.

- Expliquer comment ça marche.

Le **Business Model Canvas (BMC)** a été développé par Alexander Osterwalder et Yves Pigneur dans *Business Model Generation* (2010).

Le BMC se décompose en 4 grandes parties…

Client	Offre	Logistique
Coûts/Revenus		

… et 9 sous-parties !

Partenaires clés	Activités clés	Offre	Relation client	Segments de clientèle
	Ressources clés		Canaux de distribution	
Coûts			Revenus	

- **Activités clés** : essentielles à l'entreprise, qui délivrent une proposition de valeur au client et vont générer un revenu.

- **Partenaires clés** : avoir et entretenir de bonnes relations avec des partenaires compétitifs et fiables.

- **Ressources clés :** avoirs de l'entreprise, ce sur quoi elle s'appuie et qui lui permet d'assurer son activité économique.

- **Segment de clientèle** : l'entreprise doit sa prospérité à sa clientèle. Elle doit bien la connaitre, savoir à qui elle s'adresse.

- **Canaux de communication** : flux par lesquels la proposition de valeur parvient aux clients (publicités, réseaux sociaux...).

- **Relation client** : l'optimisation de la relation client est essentielle. Privilégier la fidélité pour assurer la pérennité.

- **Proposition de valeur** : services ou produits que l'entreprise propose et vend à sa clientèle.

- **Structure de coûts** : tout ce qui génère des coûts.

- **Flux de revenus** : quels sont les sources de revenus ? Quel prix les clients sont-ils prêt à payer ?

Exemple de Business Model Canvas (Smartbox) :

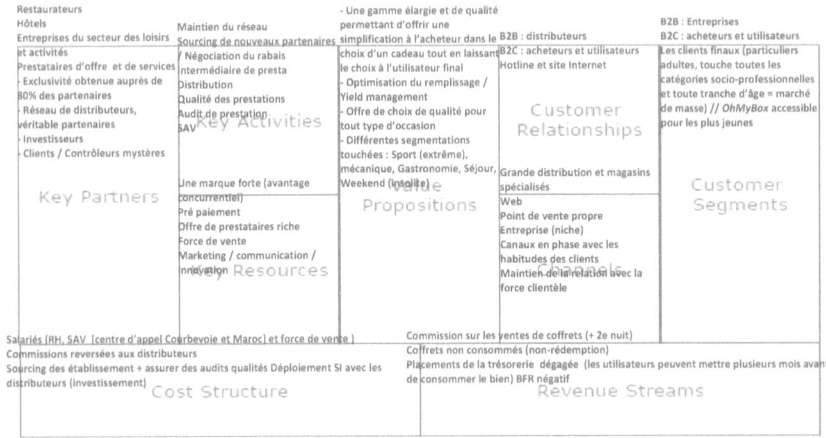

« First mover »/« First follower » ?

« *L'avantage au premier* » ou « *first mover advantage* » (FMA) : partir en le premier est à la source d'importants avantages, qui peuvent devenir ensuite inaccessibles aux poursuivants.

Parmi les **avantages** de partir en premier :

- Connaitre le marché avant les autres.

- Etablir sa marque et fidéliser les clients.

- Constituer des ressources spécifiques, difficilement imitables.

- Profiter de l'effet expérience.

Mais une entreprise pionnière prend des **risques**, notamment dans ses investissements. Elle envoie aussi des informations à ses concurrents potentiels qui attendent pour entrer.

La question clé est donc : **faut-il être pionnier ou suiveur ?**

D'après la recherche économique, les entreprises qui obtiennent la meilleure performance ne sont pas les premiers entrants en moyenne mais les « *premiers suiveurs* ». L'avantage du premier dépend en réalité de la qualité des ressources détenues. Pour s'imposer, le premier doit bien réfléchir à la construction et à l'optimisation de sa chaine de valeur.

Prenons l'exemple du stylo à bille. En 1945, Reynolds est le premier à lancer le stylo bille. Suivi de près par son concurrent Parker, l'année suivante. Mais c'est pourtant Bic qui s'impose sur ce marché à partir des années 1950... Un suiveur plus efficace s'est imposé face aux premiers.

Le débat entre pionnier et suiveur renvoie aussi au problème de **l'imposition d'un standard**. Le standard initie un rendement croissant d'adoption et un verrouillage du marché. L'exemple classique nous est donné par les standards de clavier. Le clavier QWERTY, inventé en 1878, n'est pas le plus efficace. Mais c'est celui qui s'est mondialement imposé. Au contraire du clavier DVORAK, du nom de son inventeur. Lancé dans les années 1930, il est démontré que c'est le plus efficace. Sans pour autant détrôner le clavier QWERTY, déjà en place.

Stratégie de plateforme

Avec l'économie numérique, la stratégie d'entreprise voit l'émergence des « *effets réseaux directs et indirects* » sur chaque versant des plateformes : les « *marchés bifaces* » (ou la problématique dite de « *la poule et l'œuf* ») que l'on retrouve aussi bien sur des réseaux sociaux comme Facebook, le marché des applications telles que sur Android ou encore des acteurs des services à l'instar d'Expedia ou AirBnB.

Le réseau bénéficie d'un « effet d'externalité de réseau »: plus le nombre d'utilisateurs du réseau important, plus le nombre d'utilisateurs désirant le rejoindre sera important. Ce phénomène donne la règle des marchés dits « biface » : « *Winner takes all!* ».

Les caractéristiques communes des plateformes sont désormais d'être **totalement digitales**, **centrée sur l'utilisateur**, et **transformant les business models**. On distinguera trois types de plateformes numériques :

- Les **plateformes Peer to Peer** (P2P) de mise en relation entre particuliers. Elles redéfinissent les BM, fonctionnent par la viralité et sont un défi pour le régulateur (exemple : AirBnB...).
- Les **plateformes d'intermédiations** : mise en relation d'un client avec un service digital (exemple : Uber, Netflix...).
- Les **plateformes d'orchestration de services** : propose un même univers digital aux utilisateurs pour l'accès à différents services. Elles sont Basées sur une surcouche d'API (exemple : Amazon Home services pour les services aux particuliers).

La stratégie low cost

Le low cost est né dans la distribution alimentaire (Aldi) avec le « hard discount » mais s'est d'abord et surtout développé dans le transport aérien avec Southwest Airlines. Il s'est ensuite répandu dans d'autres secteurs : Hôtellerie (Formule 1), l'automobile (Dacia), banque, assurance... Pour ce propos, nous nous appuierons sur l'ouvrage de référence d'Emmanuel Combe, *Le low cost*.

Principales caractéristiques de la stratégie low cost :

- C'est un cas particulier de **domination par les coûts, poussée à extrême**.

- **Seul le besoin de base a une réponse**. Elle constitue la nouvelle offre de référence.

- Prix attractif pour les clients à la recherche d'une **offre simple et basique**.

Le low cost se traduit par **trois types de demandes** :

- Low cost de **substitution** : reporter son choix sur un produit low cost.

- Low cost **d'induction** : acheter un produit qu'on ne consommait pas.

- Low cost de **complémentarité** : en complément du produit traditionnel.

De façon synthétique, le **modèle économique** du low cost peut se décomposer de la façon suivante :

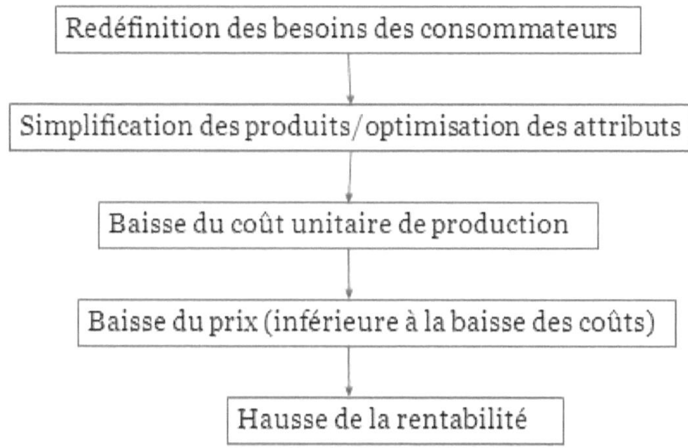

D'après Emmanuel Combe, le low cost, 2019

Exemple dans le secteur du transport aérien avec le prix d'un billet d'avion classique :

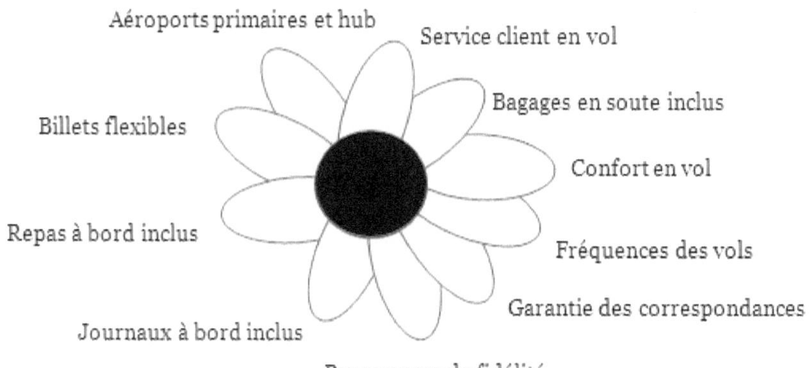

D'après Emmanuel Combe, le low cost, 2019

La démarche de la compagnie low cost consiste à « *dépouiller* » la fleur de tous ses pétales, pour **se concentrer sur le cœur de la promesse client**. Les prestations secondaires sont payantes.

Dans le low cost aérien, il convient de distinguer deux modèles :

- **L'ultra low cost** : low cost pur (Exemple : Ryanair).

- **Le middle cost** : des prestations plus proches des majors (Exemple : EasyJet).

Pour réduire significativement ses coûts, l'acteur du low cost aérien joue sur **plusieurs leviers** :

- Un seul type d'appareil (réduction des coûts d'entretien, de formation des pilotes et du personnel en cabine).

- Flotte jeune (baisse des coûts de maintenance, et de carburant).

- Densification du nombre de sièges disponibles.

- Optimisation des temps de vol (augmenter les fréquences de rotation).

- Réduction des coûts fixes par externalisation (variabilisation des coûts).

- Réduction des coûts de distribution, essentiellement par internet et désintermédiation.

Pour augmenter malgré tout ses revenus, l'opérateur low cost a également **plusieurs leviers** :

- Effet d'induction : la baisse du prix du billet doit se traduire par une hausse des volumes de billets vendus.

- Tarification dynamique du prix des billets à travers ce qu'on appelle le « *Yield management* »

- Ventes d'options payantes (services auxiliaires) : bagages en soute, choix du siège, priorité à l'embarquement, repas, rafraichissements, journaux…

- Les « *ancillary revenues* » (revenus auxiliaires) jouent pour 30 à 40% du chiffre d'affaire et ont un fort impact sur les bénéfices, le coût marginal des options étant souvent très faible.

Stratégiquement, les **réponses des « *majors* » à la stratégie low cost** sont multiples :

- **Baisse des prix** sur les lignes concurrencées par les opérateurs low cost. Cette stratégie est non soutenable à long terme sans forte baisse des coûts.

- **Politique de prédation par les prix** pour forcer le concurrent low cost à sortir du marché.

- **Miser sur la différenciation** pour échapper à une concurrence frontale, améliorer la perception et renforcer la variété de services notamment pour la clientèle affaires. Plusieurs leviers : maitrise des hubs, image de compagnie nationale, fréquence de vols, niveau de services, programmes de fidélité, meilleurs créneaux horaires pour les vols, portefeuille de destination…

- **Transfert d'une partie de l'activité vers un modèle low cost** sur le court et moyen-courrier (création d'une filiale ou acquisition d'une compagnie low cost déjà existante), en conservant un modèle classique sur le long-courrier. Mais cela présente des difficultés à faire coexister les modèles au niveau social.

Le low cost dans l'alimentation : le hard discount (Ed, Dia...) :

- Assortiment limité de produits (nombre réduit de références).

- Marques propres sur la plupart des produits (Marques De Distributeurs ou MDD) : maitrise des coûts.

- Taille limitée des magasins : gain de temps pour le client.

- Nombre limité de fournisseurs : permet de jouer sur l'effet volume dans les négociations commerciales.

- Service minimaliste (absence de décoration, installation très sommaire).

- Peu de personnel (pas de fonction conseil).

- Dépenses publicitaires minimales (communication centrée presque uniquement sur le prix).

Le low cost dans l'industrie automobile (Logan...) :

- Coûts de développement limités (composants déjà incorporés dans d'autres modèles et réutilisés pour la Logan).

- Fonctions minimalistes (la Logan n'a que ses fonctions fondamentales).

- Optionalisation des fonctions secondaires (en nombre limité et payantes, pour dégager plus de marges).

- Faibles dépenses publicitaires (La Logan est associée à Renault).

- Design orienté coûts (« *design to cost* ») : simplification et réduction des coûts dans la conception par une fonction objective coût. Exemple avec la Renault Kwid, vendue 3500 dollars pour le marché indien et développée pour rester sur cet objectif prix.

Le low cost dans les services :

L'hôtellerie low cost, comme les chaines d'hôtels Formule 1 ou easyHotel.com, propose de supprimer le salon, le restaurant, la réception et de réduire au minimum le personnel...

Le secteur bancaire a connu une révolution low cost avec le lancement des banques en lignes. La recette du succès : l'absence d'agences physiques, l'externalisation des opérations simples auprès du client, une très forte standardisation et automatisation grâce au digital...

Des services comme la coiffure ont été investis par de nombreux acteurs comme par exemple la chaine Tchip, salon de coiffure low cost organisé en réseau de franchisés, choisissant des emplacements à loyers peu élevés, simplifiant l'offre, limitant les services auxiliaires, standardisant les techniques et proposant des produits complémentaires forte marges.

La stratégie du luxe

Notre propos s'appuiera en partie sur les travaux de Franck Delpal et Dominique Jacomet dans leur ouvrage de référence, *l'Economie du luxe*.

Le marché du luxe est un **oligopole à frange concurrentielle**, c'est-à-dire un marché très concentré, avec un noyau d'entreprises dominantes (LVMH, Kering, Hermès, Chanel...) tandis que les nombreux outsiders sont en forte concurrence pour s'imposer sur le marché. Le secteur du luxe se caractérise donc par de **fortes barrières à l'entrée** (économies d'échelle, savoir-faire, très haute qualité, réseau de distribution...). Un groupe de luxe a également **besoin d'une marque forte** qui apporte de la valeur, d'où l'importance des dépenses de communication.

Pour comprendre la stratégie de ce secteur, il convient également de revenir sur les caractéristiques d'un produit de luxe : qualité élevée, prix très élevés, rareté et unicité de l'offre, esthétique, histoire, caractère superflu et dépenses ostentatoires (effet « snobisme » selon Veblen)…

Dans sa dichotomie, Philip Nelson positionne les différents types de produits selon la dualité **différenciation horizontale** (subjective) et la **différenciation verticale** (objective) :

Dans cette différenciation double, la différenciation **objective** renvoie à un niveau qualitatif ou vertical, c'est-à-dire à la qualité des produits. La différenciation **subjective** renvoie quant à elle au niveau subjectif ou horizontal (communication, marketing, storytelling, identité de l'entreprise, esthétique, histoire, valeurs…).

Dans cette **double différenciation**, il convient ainsi de distinguer le « *produit de luxe* » des « *produits de qualité* », des « *produits de base* », et des « *produits marketés* » comme le résume le tableau suivant :

	Différenciation horizontale (subjective)		
Différenciation verticale (objective)		Faible	Forte
	Forte	Produit de qualité	Produit de luxe
	Faible	Produit de base	Produit marketé

Autre caractéristique importante, le marché du luxe est **international par nature.** L'étroitesse du marché intérieur pour les produits de luxe, qui ne concerne qu'une petite frange aisée de la population, constitue un handicap. Il y a une **recherche d'économies d'échelle en allant à l'international. Les biens de luxe présentent par ailleurs une élasticité prix positive** (la demande continue d'augmenter malgré l'augmentation du prix). Dans un contexte où les coûts de transport sont importants, seuls les produits avec une élasticité prix positive peuvent être exportés, le surcoût liés au transport n'aura pas d'impact négatif sur la consommation. Enfin, les biens de luxe sont imprégnés d'une **identité culturelle des pays créateurs.** L'image du « made in France » est par exemple un argument de vente, comme une part de la culture française.

Les entreprises du luxe se distinguent également par une **forte intégration verticale**, source de création de valeur. Intégrer l'étape de fabrication assure ainsi une meilleure efficacité interne, avec la suppression des marges fournisseurs, permet de sécuriser les approvisionnements (notamment les matières rares), de détenir des savoir-faire, de renforcer les synergies avec le studio de création, et enfin de nourrir le storytelling de l'entreprise en communiquant sur la détention d'un savoir-faire rare, source de différenciation pour le client. Côté distribution, l'intégration verticale permet de contrôler l'offre et l'image à un niveau mondial et d'accroitre sa visibilité et son prestige. Elle assure aussi un rôle de conseil et bâtit la relation client. Les boutiques constituent enfin un support de communication

Les groupes se luxe se caractérisent aussi par leur politique de **diversification** qui permet d'**assurer la viabilité de la firme**. Certains métiers étant structurellement déficitaires, il faut développer d'autres centres de profit. Les grands acteurs de ce marché ont recours aux **extensions de marque,** à la recherche de nouveaux relais de croissance, ainsi qu'à **l'extension de gamme** sur des produits plus accessibles. Au contraire, les entreprises du luxe peuvent aussi entrer sur les catégories de produits plus exclusives que leur offre de cœur de métier. Exemple de Chanel avec les parfums, les chaussures, l'horlogerie, la bijouterie…

Enfin, le secteur du luxe est marqué plus récemment par quelques évolutions majeures :

- **La concentration croissante du secteur** avec la constitution de grands groupes multimarques.

- **Des développements au-delà du métier d'origine** sur de nouveaux segments de produits à plus forte valeur ajoutée.

- **L'émergence d'une concurrence à l'échelle mondiale** avec une attraction forte pour le secteur.

- De nouveaux modes de gestion et de distribution de l'offre pour servir une **demande croissante vers les marchés émergents**, principal moteur de croissance.

Boussole stratégique prix-valeur :

Outil de synthèse des différentes stratégies business, et moyen d'identifier celles qui sont viables, la **boussole stratégique prix-valeur** cartographie les 9 alternatives stratégiques, depuis la stratégie low cost jusqu'à la stratégie de luxe (« premium »).

Le diagramme positionnera ainsi les **9 alternatives stratégiques** sur **deux dimensions** : « le prix » d'un côté, la « valeur perçue » de l'autre.

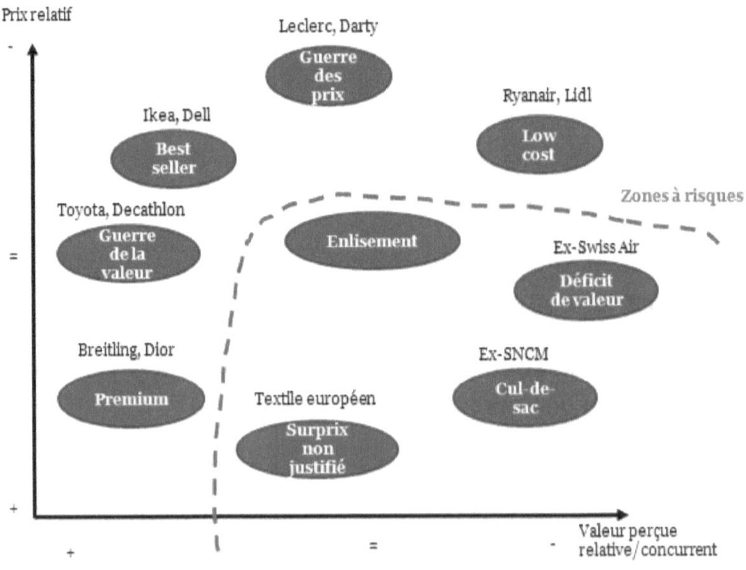

D'après David Faulkner et Cliff Bowman

Des stratégies business…

Pour faire face à la révolution numérique, au développement de l'économie de la fonctionnalité, à la forte concurrence et à l'innovation constante, l'entreprise doit de plus en plus **faire coexister plusieurs business models** parmi ses différentes activités.

Le principal défi réside dans l'exécution pour adopter et faire exister plusieurs business models au sein d'une même entreprise. En effet comment faire coexister des politiques de production et de gestion des coûts parfois diamétralement opposés ? La réponse des entreprises désireuses de faire coexister plusieurs modèles d'affaires est souvent la filialisation de ces différentes activités, en cloisonnant assez nettement les entités. Il est également préférable de faire l'acquisition d'une nouvelle entité correspondant déjà au business model ciblé plutôt que de convertir une entité en interne.

Ainsi le groupe Air France KLM fait cohabiter les acteurs premium comme Air France à côté de nouveaux acteurs low cost comme Transavia.

De la même façon, le groupe Casino, qui développe des rayons d'épicerie fine dans ses magasins, possède également la grande chaine de hard discout Leader Price.

Enfin, la Société Générale, banque traditionnelle, a lancé la banque en ligne Boursorama Banque, modèle numérique low cost très différent de son business model historique.

Modalités de croissance

Les modalités de croissance

L'entreprise doit d'abord établir la direction souhaitée de sa croissance, sa stratégie (spécialisation, diversification, internationalisation…) **avant de considérer les moyens**. Il existe **trois modalités de croissance** : croissance interne, croissance externe et croissance partagée (alliance).

- **Croissance interne ou organique** : s'appuyer sur ses ressources propres et développer ses propres compétences et actifs.

- **Croissance externe** : accéder à des ressources nouvelles par l'acquisition de tout ou une partie d'une autre entreprise.

- **Croissance partagée ou alliance** : mettre en commun des moyens avec une entreprise partenaire.

Croissance interne

La croissance interne est aussi qualifiée de « *croissance organique* ». Ce mode de développement consiste à **utiliser des ressources et des compétences développées en interne** pour accroitre la taille des opérations existantes ou élargir le champ couvert par l'entreprise. La croissance interne se traduit par une **acquisition d'actifs** (matériels, licences, ressources humaines) **ou de compétences** et une meilleure exploitation des ressources existantes pour faire émerger des ressources stratégiques. Ce type de croissance joue un rôle central dans le développement des entreprises : **la croissance des entreprises se fait en effet majoritairement par croissance interne**. Les ressources ne sont pas faciles à acquérir sur le marché, ce qui suppose donc de les développer en interne et de recourir à la croissance interne.

Principaux **avantages** :

- Ce mode de développement est **moins risqué** et **plus facilement maitrisable**, car régulier et progressif.

- Il assure un **meilleur contrôle** des ressources et la **maitrise du rythme** de croissance.

- **L'intégralité des bénéfices** réalisés par la croissance réussie revient à l'entreprise elle-même.

- Elle donne une **liberté de choix** de développement plus importante.

- Elle rend l'intégration des nouvelles activités **plus simples** car développées à partir de ressources et structures existantes.

- Elle **préserve plus longtemps l'avantage concurrentiel** en conservant les développements en interne.

- Les **besoins financiers** sont **davantage étalés dans le temps**.

Principaux **inconvénients** :

- C'est un mode de développement **lent** et **coûteux**.

- **Difficile à mener** : seules les entreprises très performantes, détenant des ressources rares et de valeur arrivent à croitre.

- L'entreprise doit déjà détenir des **ressources**.

Quelques exemples d'entreprises qui se sont largement développées par la croissance interne : les compagnies aériennes Southwest et Emirates, les entreprises d'Elon Musk (Tesla et SpaceX), des acteurs de la high-tech comme Sony et Devialet, le spécialiste du gaz industriel Air

Liquide, le grand acteur de la mode Zara ou encore le géant américain de la grande distribution Walmart...

Croissance externe

Trois grandes évolutions dans les années 2000 vont modifier le contexte :

- **Internationalisation** des opérations.

- Multiplication des **fusions-acquisitions** (OPA / OPE).

- Montée en puissance des **fonds d'investissement** et des montages dits **LBO** (Leverage Buy Out).

La **fusion-acquisition** vise à accéder et à **contrôler des moyens, actifs, ressources non disponibles en interne**, avec pour objectifs la consolidation ou construction des **compétences**, l'accès à de **nouveaux marchés** ou la volonté de renforcer sa position, le besoin de construire des **synergies** et de mettre en œuvre des politiques de réduction des coûts (taille critique, économies d'échelle).

Pour rappel sur **l'opération de fusion-acquisition**, celle-ci consiste en un rachat ou une prise de contrôle d'une entreprise (dite « cible ») par une autre (dite « acquéreur »). Elle devient **effective si l'acquéreur contrôle de plus de la moitié des parts de l'entreprise cible**.

Nous pouvons distinguer **plusieurs types de fusions-acquisitions** :

- **Acquisitions horizontales** : ciblent les entreprises concurrentes et entrainent une concentration dans le secteur. Au sein des acquisitions horizontales, deux objectifs sont possibles :

- **Acquisitions de renforcement** dont le but est une augmentation de taille, un accroissement des parts de marché, et un renforcement du pouvoir de négociation.

  - **Acquisitions d'assainissement** qui visent à rationaliser les capacités et des moyens de l'entreprise, voire de restructurer si l'entreprise est en difficulté.

- **Acquisitions verticales** : ciblent les entreprises de la même filière, en amont ou en aval, pour améliorer la position concurrentielle et les marges.

- **Acquisitions diversifiées** (« liées » ou « non liées ») ou « *conglomérale* » : ciblent les entreprises d'autres secteurs. Elles permettent d'étendre le champ couvert par l'entreprise et de partager certains coûts ou savoir-faire.

- **Acquisitions de consolidation géographique** : dans le même secteur d'activité, mais dans des zones géographiques différentes.

- **Acquisitions substituts à la R&D interne** : moyens d'accéder à de nouvelles compétences sans investir en R&D et pour gagner du temps.

Concernant les modalités de l'opération de fusion-acquisition, nous pouvons là-encore distinguer **plusieurs types** :

- **Fusion** : intégration de l'entreprise acquéreuse et de l'entreprise acquise dans une nouvelle entité commune (GDF et Suez ont donné naissance à Engie).

- **Absorption** : disparition de l'entreprise acquise et intégration complète au sein de l'entreprise acquéreuse (HP a absorbé Compaq).

- **Apport partiel d'actif** : échange entre une société qui apporte une partie de ses actifs et qui reçoit des actions émises par la société acquéreuse.

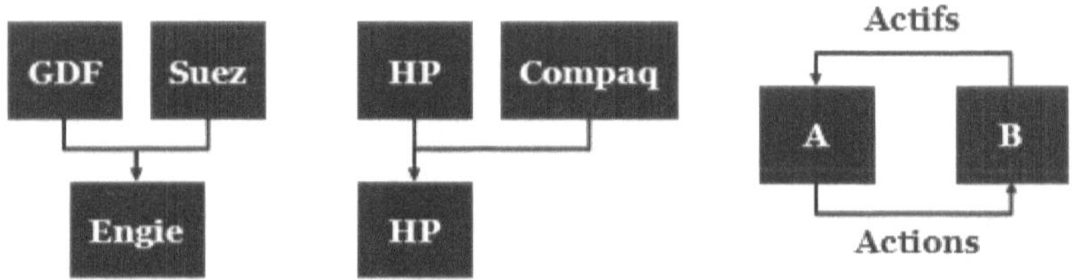

Parmi les exemples **d'acquisitions** « *verticales* » :

- Au fil du temps, Coca-Cola a intégré son réseau d'embouteilleurs par l'acquisition de ce qui devient Coca-Cola Enterprises, Coca-Cola Refreshments ou encore Coca-Cola great plains bottling company.
- Adidas a acheté l'application Runtastic, application très prisée des adeptes du running, dont nombre sont clients d'Adidas.
- En faisant l'acquisition de skype, Microsoft complète son offre messagerie instantanée pour sa suite bureautique Office.

Quelques exemples **d'acquisitions** « *horizontales* » :

- En 1999, le groupe Carrefour rachète le groupe Promodès, un de ses concurrents dans la grande distribution avec des enseignes comme Continent.
- En 2015, Air Liquide rachète un de ses principaux concurrents, Airgas.
- En 2012, le géant Facebook fait l'acquisition d'un autre réseau social potentiellement concurrents : Instagram. En 2014, c'est une messagerie concurrente à la messagerie Facebook qui est intégrée au groupe de Mark Zuckerberg : Whatsapp.

- En 2006, Walt Disney fait l'acquisition d'un de ses concurrents, les studios d'animation Pixar. En 2009, c'est au tour de Marvel de rejoindre le groupe Disney.

Enfin, quelques exemples **d'acquisitions de** « *diversification* » :

- Le groupe Kering s'est développé dans de nombreux secteurs par des acquisitions de diversification (Conforama, Printemps, Gucci, Yves Saint Laurent, La Redoute...).
- Le groupe Casino a fait l'acquisition de Cdiscount pour mettre un pied dans la distribution en ligne et le e-commerce.
- Le groupe Orange a fait l'acquisition des activités bancaires de Groupama, pour lancer son offre de bank sur mobile, la future solution Orange bank.

Cependant, la performance des fusions acquisitions reste médiocre. En effet, **50% sont des échecs** (se traduisant par des synergies négatives)

Quelques explications sur ces mauvaises performances :

- La fusion-acquisition **augmente des coûts de coordination** (effet taille, divergences culturelles, difficultés d'intégration des deux processus).

- **Les ressources sont souvent contraintes** (endettement pour financer l'acquisition, honoraires pour les intermédiaires).

- **L'opération engendre des problèmes sociaux** : suppression d'emplois, baisse de productivité, climat d'inquiétude.

Quelques pistes pour **réduire les risques d'échec** :

- Vérifier l'existence préalable de facteurs favorables (ex ante).

- S'assurer de la méthodologie d'intégration (ex post).

- Avoir une intégration adaptée aux objectifs.

L'un des facteurs clés de succès de la fusion acquisition réside aussi dans le **choix du mode d'intégration** des acquisitions. On peut distinguer quatre principaux modèles :

- **L'absorption** : combinaison organisationnelle pour les acquisitions à fortes interdépendances.

- **La préservation** : forte autonomie organisationnelle maintenue pour la cible. Objectif de préservation des actifs.

- **La symbiose** : intégration hybride avec une part d'autonomie importante et une forte dépendance stratégique. (Exemple : Disney-Pixar).

- **Le mode holding** : l'acquéreur choisit de ne pas intégrer la cible pour laisser une complète autonomie.

Quelques exemples d'**échecs** dans les fusions-acquisitions :

- En 1998, fusion Daimler Chrysler, dit le « mariage du siècle », dans le secteur automobile. Sur le papier, Daimler-Chrysler devient le 3ème constructeur mondial. Mais dans les faits, la capitalisation boursière chute de 76 à 27 milliards d'euros, la perte de la fusion-acquisition est de 66 milliards d'euros, 50 000 emplois sont supprimés. Résultat : en 2007, divorce entre les deux groupes.

- En 2013, un projet de fusion voit le jour entre Omnicom (n°2 mondial de la publicité) et Publicis (n°3 mondial). L'objectif est de dépasser WPP, le n°1 mondial, et de contrer la montée en puissance de Google et Facebook sur le secteur de la publicité. En 2014, la fusion entre « *égaux* » (50/50) est annulée. Processus trop lent, complexité des équilibres, cultures des entreprises trop différentes… la fusion entre « égaux » s'est transformée en guerre des « égos » !

- En 2018, achat de Monsanto par le groupe Bayer. En 2019, la valeur de Bayer a perdu plus de 40% de sa valeur en 1 an. La valorisation boursière de l'ensemble Bayer-Monsanto est de 52 milliards d'euros, alors que Bayer a dépensé 56 milliards rien que pour l'acquisition de Monsanto ! Ce qui traduit une forte destruction de valeur pour le moment…

Alliances stratégiques

Une alliance est une **coopération à moyen ou long terme**, décidée au plus haut niveau. Elle est souvent nouée entre des entreprises concurrentes, avec pour but la croissance par la **mise en commun de compétences et de ressources** (synergies) pour développer, produire ou commercialiser les produits ou services. L'alliance stratégique se fonde sur le partage de la décision entre les entreprises alliées qui restent juridiquement indépendantes. De plus, contrairement à la fusion, la collaboration est limitée à un **périmètre précis**.

Pourquoi former des alliances ?

- **Pour faire des économies d'échelle** et atteindre une **taille critique** (sans la contrainte politique et financière de la fusion).

- Pour combiner des compétences et des actifs **complémentaires**.

- **Pour apprendre** par un transfert de compétences entre les entreprises.

- Pour se protéger contre des concurrents plus puissants : **former des coalitions** pour améliorer sa position concurrentielle.

Plusieurs **structures juridiques** permettent d'encadrer et structurer les alliances :

- **Signature de contrats simples de coopération** entre les partenaires (alliances non capitalistiques).

- **Création d'une filiale commune (« joint-venture »)**. C'est une société distincte des partenaires qui en partage le capital. Les bénéfices de la société commune sont répartis entre les partenaires à proportion des apports et participation de chacun. Les joint-ventures sont des sociétés industrielles et commerciales comme les autres.

- **Un GIE (Groupement d'Intérêt Economique) ou GEIE (Groupement Européen d'Intérêt Economique)**, entité organisationnelle distincte des partenaires mais sans capital. C'est une coopération interentreprises. Les partenaires financent le fonctionnement de l'organisation commune en se répartissant les coûts.

- **Prise de participation minoritaire** d'un partenaire au capital de l'autre. Les participations peuvent éventuellement être croisées.

- **La franchise**, contrat entre un franchiseur et franchisé autour de l'exploitation d'une marque (exemple : McDonald's, Burger King...) par un professionnel indépendant sous respect d'un cahier des charges et moyennant le réglement d'une redevance.

Le choix de la structure juridique des alliances dépend généralement du nombre de partenaires, des objectifs, de la position des partenaires, de la dimension capitalistique, de la géographie...

On distingue par ailleurs **deux types d'alliances**, en fonction des objectifs stratégiques poursuivis:

- **L'alliance additive** ou d'échelle ou endogène (*« scale alliances »*) : collaboration entre entreprises concurrentes en apportant des compétences et des moyens de nature similaires pour proposer une offre commune avec recherche de la taille critique et d'économie d'échelle à certaines stades du processus.

- **Les alliances complémentaires** ou de lien ou exogène (*« link alliances »*) : mise en commun de compétences et de ressources différentes mais complémentaires.

Quelques exemples d'alliances additives, complémentaires, ou parfois les deux :

- Renault et Peugeot ont un temps coopéré sur le développement d'un moteur V6.

- Grand succès commercial, la Renault Espace est le fruit de la coopération entre Renault et Matra sur ce projet précis.

- Ford, Toyota et Peugeot ont coopéré sur le développement d'interfaces de connectivité pour l'appliquer ensuite sur chacun de leurs véhicules.

- Airbus, un temps consortium puis GIE a aujourd'hui un statut juridique de SAS (Société par Actions Simplifiée). C'est le fruit d'une alliance de long terme entre les avionneurs européens.

- Nestlé et L'Oréal ont noué un partenariat sous forme de Joint Venture, Inneov, pour le développement de nutricosmétiques.

- General Electric et Safran (ex Snecma) forme la Joint Venture CFM à 50/50 pour la production des moteurs CFM56 et LEAP.

Exemple typique d'alliance : entre les compagnies aériennes. Ces alliances assurent une mise en commun de ressources techniques, logistiques et commerciales pour permettre de poursuivre des objectifs de différenciation. On distingue trois grandes alliances à travers le monde : Skyteam, Oneworld et Star Alliance.

Cependant, la performance des alliances est aussi médiocre que les fusions-acquisitions avec **50% d'échec**.

Trois raisons principales peuvent expliquer ces échecs :

- **L'individualisme**, les intérêts des partenaires divergent.

- **Le manque de coordination**, de contrôle.

- **L'incompréhension** entre partenaires (culture, management).

Par ailleurs, les alliances comportent des **risques** :

- **Sous-exploiter les synergies** : la structure est rarement optimale et efficiente, rendant difficile l'exploitation des synergies.

- Coopérer ou ne pas coopérer ? De la coopération à la **compétition**.

- Créer ou renforcer un concurrent : nécessité de **protéger ses compétences clés** vis à vis du concurrent. Chaque structure protège ses actifs et ses technologies.

Exemple notable d'échec, l'alliance entre Danone / Wahaha. Un litige oppose les deux sociétés entre 2007 et 2009 pour une affaire de réseau de vente parallèle en violation des clauses de non-concurrences. Cette affaire se conclut par une séparation à l'amiable entre Danone et Wahaha.

Comment faire fonctionner une alliance en pratique ?

- Les arrangements sont complexes, les contrats aussi. La **bonne entente** des équipes et des dirigeants priment sur le respect exact du contrat.

- **Définir des objectifs clairs pour les partenaires** : des objectifs communs et partagés et des objectifs propres à chaque partenaire, en cohérence avec les objectifs communs.

- Se mettre d'accord sur la **structure** et le **processus de décision**.

- **Anticiper** l'évolution de l'alliance et ses conséquences stratégiques.

- **Trois règles** de bon fonctionnement :

    - **Formalisation** du processus.

    - **Communication** importante.

    - **Forte implication** de la direction générale.

Synthèse sur les modalités de croissance

Comment choisir entre les différentes modalités de croissance ?

- **Si vous poursuivez des objectifs de rapidité** la fusion acquisition ou l'alliance sont les modes à privilégier.

- **Si le montant de l'investissement initial à mettre est faible,** l'alliance est la meilleure option. **S'il est plus élevé**, vous pouvez avoir recours à la croissance interne ou à la fusion acquisition.

- **Si vous souhaitez minimiser les coûts de transaction** (ex ante et ex post), la croissance interne est préférable à l'alliance ou à la fusion-acquisition, à l'origine de coûts de transaction élevés.

- **Si vous souhaitez exercer un fort degré de contrôle des opérations** la croissance interne, et dans une moindre mesure la fusion-acquisition, sont préférables.

- **Si vous souhaitez protéger des savoir-faire**, il faut particulièrement éviter d'avoir recours à l'alliance.

- **Sur le degré de réversibilité la** capacité à faire marche arrière est très difficile après une croissance interne et une fusion-acquisition, beaucoup plus facile dans le cadre d'une alliance.

Dans la pratique, **la majorité des entreprises ont recours aux différents modes de croissance**. C'est par exemple le cas d'Essilor qui est née de la fusion des compagnies françaises Essel et Silor en 1972. Elle a ensuite axé ses activités autour d'une recherche et développement importante, la conduisant à mettre au point le premier verre progressif, le célèbre verre Varilux pour la correction de la presbytie. Marquant ainsi la croissance interne de l'entreprise qui bâtit ses propres usines. En 1995, Essilor fait l'acquisition de Gentex (croissance externe) pour la commercialisation du verre polycarbonate Airwear, un verre léger et incassable. Dans les années 2000, Essilor lance aussi une co-entreprise avec Nikon (alliance). En 2011, Essilor poursuit sa croissance externe en faisant l'acquisition de designers et de distributeurs, notamment à l'international. C'est aussi à l'international qu'Essilor a conclu de nombreux partenariats, notamment avec des laboratoires en Amérique latine et en Asie. Enfin, l'histoire du groupe Essilor est marquée par le rapprochement avec Luxottica, leader mondial de la fabrication et de la distribution de lunettes. En octobre 2018, après validation de la fusion, la holding EssilorLuxottica devient leader mondial sur secteur de l'optique.

Stratégie opérationnelle

Emergence du management opérationnel

Pour Napoléon : *« La guerre est un art élémentaire et tout d'exécution »*.

Dans ses travaux, Igor Ansoff distingue **3 types de décisions** en entreprise :

- Stratégiques

- Opérationnelles

- Administratives

Par ailleurs, la littérature distingue **deux facettes** au management :

- **Le management stratégique** (centré sur la stratégie) ➔ long terme.

- **Le management opérationnel** (centré sur l'organisation) ➔ court terme.

Un lien fort existe entre le management stratégique et le management opérationnel, entre d'une part la **conception, la création et l'intégration du potentiel**, et d'autre part **l'exploitation du potentiel**.

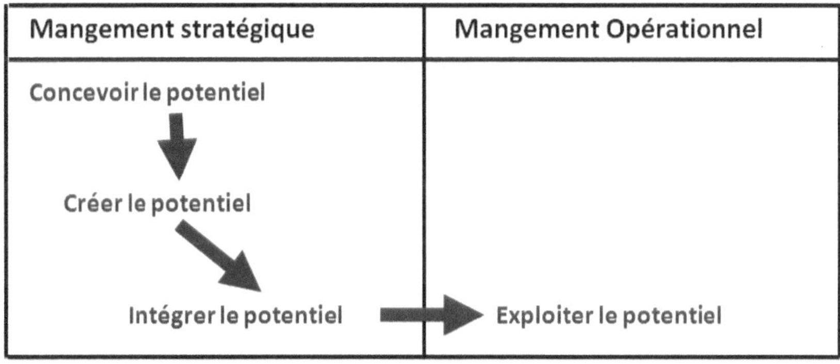

Si la stratégie conçoit un potentiel de croissance et de création de valeur, charge à l'opérationnel de l'exploiter en cohérence avec la stratégie.

Par ailleurs, **l'analyse des zones d'efficacité ou d'inefficacité** entre le management stratégique et le management opérationnel permet d'identifier les zones à risques, de défaillance ou au contraire de performance durable.

Management opérationnel \ Management stratégique	Inefficace	Efficace
Efficace	Zone à risque long terme	Performance durable
Inefficace	Zone de défaillance	Zone à risque court terme

Cette analyse nous permet de conclure qu'il y a un besoin d'être performant à la fois dans son management stratégique et dans son management opérationnel.

La **mise en œuvre opérationnelle** explore tout ce qui est du domaine de la mise en exécution pratique : planning, faisabilité, responsabilité, structure, contrôle, processus, management…

La **planification opérationnelle** va permettre de décliner les objectifs en plans d'actions, en traduisant le *« quoi »* en *« comment »*. Ainsi, un objectif stratégique (le *« quoi »*) tel que *« Etre leader du marché en volume à 3 ans avec 40% de parts de marché contre 30% aujourd'hui »* va se traduire par plusieurs réponses stratégiques possibles (le *« comment »*), par exemple *« élargir la gamme »*, *« augmenter la distribution »*… Charge à la planification opérationnelle de décliner l'objectif en proposant par exemple un passage de *« 10 à 12 produits »* pour répondre à l'objectif *« élargir la gamme »* etc... A partir de ces **prévisions**, le management opérationnel va passer à la **budgétisation** pour obtenir et allouer les moyens nécessaires de façon à répondre aux objectifs assignés. Le résultat est ensuite **contrôlé** pour vérifier les écarts entre les prévisions, les moyens mis à disposition et les réalisations effectives. A noter que le travail de prévision est toujours très incertain : l'Opéra de Sydney, les Jeux Olympiques... Les écarts entre prévisions et réalisations sont souvent très important !

Le management opérationnel est conduit à **prendre de nombreuses décisions** pour chacune des différentes fonctions de l'entreprise : élaborer le programme de production (choix des quantités à fabriquer, des moyens de production, des approvisionnements, du suivi des stocks)., prévoir les frais de fonctionnement (administratifs...) et les besoins en personnel, gérer les fournitures, les achats et les prestations, assurer le suivi des disponibilités financières (liste des encaissements et des décaissements) et des décalages entre flux physiques et monétaires (les besoins en fond de roulement, les dotations aux amortissements)...

Le **suivi des réalisations**, la comparaison entre réel et prévisionnel (**écarts**), le besoin d'informer les décideurs (**reporting**) conduisent à mettre en place des indicateurs ou KPI (« Key Performance Indicator ») pour assurer le pilotage opérationnel dans un dashboard.

Le **métier du dirigeant d'entreprise** consiste quant à lui à gérer les interactions entre les **4 facettes de l'entreprise** :

- **Stratégie** : quels sont les objectifs généraux et les moyens définis par l'entreprise ?

- **Structure** : comment organiser l'entreprise pour mettre en œuvre cette stratégie ?

- **Décision** : quel est le processus de détermination des choix stratégiques ?

- **Culture/Identité** : comment utiliser l'image collective de l'entreprise pour affirmer sa stratégie ?

Structure

Pour Henry Mintzberg : *« La structure suit la stratégie comme le pied gauche suit le pied droit »*.

Mintzberg va par ailleurs distinguer les **trois déterminants de la structure** :

- **Taille** : en grandissant, l'entreprise accentue sa spécialisation, donc sa coordination et sa formalisation. Risque d'un excès de bureaucratie.

- **Technologie** : le processus de production détermine le choix d'une structure. La structure peut être mécaniste, centralisée et rigide, ou bien organique, décentralisée et flexible.

- **Environnement** : la structure joue une fonction d'interface vis-à-vis de l'environnement. L'environnement impacte donc beaucoup la structure.

La modélisation du fonctionnement organisationnel de base par Mintzberg se structure autour des concepts suivants:

- Sommet stratégique

- Ligne hiérarchique

- Centre opérationnel

- Technostructure

- Support logistique

A ce modèle, il convient d'y ajouter les **notions d'idéologie de l'organisation et culture d'entreprise**.

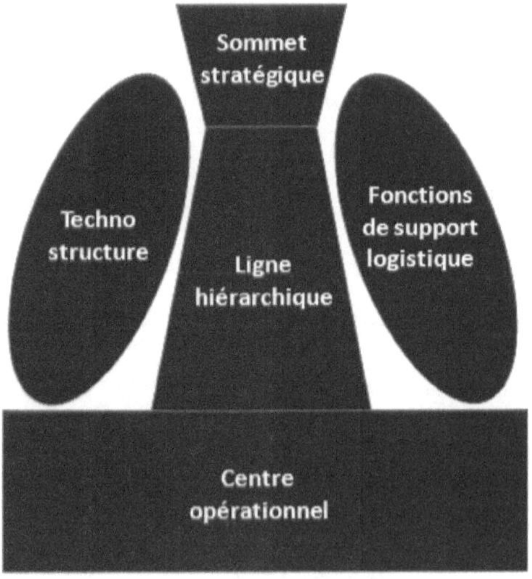

D'après Henry Mintzberg

Henry Mintzberg écrit également que « *La structure de l'entreprise peut être définie simplement comme la somme totale des moyens employés pour diviser le travail en tâches distinctes et pour ensuite assurer la coordination nécessaire entre tâches* ».

Il décrit ainsi le fait de « *diviser le travail en tâches distinctes* » comme la définition des **rôles**, celui d'assurer la « *coordination des tâches* » comme la définition des **relations hiérarchiques** et enfin le fait de formaliser le fonctionnement comme la définition des **règles** pour **standardiser** les comportements.

Toujours d'après Mintzberg, à mesure qu'elles grandissent, les entreprises passent par des **périodes de transition structurelle**, et adoptent des structures différentes au cours de leur histoire.

Frederick W. Taylor a apporté les **premiers principes de l'organisation** à travers l'**Organisation Scientifique du Travail (OST)**. Son principe directeur est de **séparer l'exécution et la conception du travail**. Les tâches complexes sont subdivisées en tâches élémentaires. Une spécialisation qui permet d'améliorer le rendement. Le travail y est étroitement contrôlé car l'ouvrier est considéré comme paresseux par nature. D'où la rémunération à la pièce.

Avec Taylor, **l'ingénieur joue un rôle central** puisque c'est lui qui définit les standards, classe le savoir des ouvriers, organise la division du travail entre conception et exécution et met en place les meilleures méthodes de travail, ce que l'on nomme la « *one best way* ». L'OST est symbolisé par le chronomètre, qui mesure le temps d'exécution des ouvriers pour réaliser chaque tâche.

Autre grand inspirateur des organisations, Henri Fayol, à l'origine du **principe d'administration**. Fayol définit en effet les 5 fonctions de l'administration, que l'on connait sous l'acronyme **POCCC** à savoir Prévoir, Organiser, Commander, Coordonner, Contrôler.

Henri Fayol introduit également la **distinction entre opérationnels et fonctionnels**. Les opérationnels exercent les activités de « faire » et sont associés au travail de production ou de commercialisation, donc à la transformation des ressources en produit disponible pour le client. On parle de « *line* ». A contrario, les fonctionnels joue davantage un rôle de conseiller auprès de la direction et de représentant des fonctions supports et de direction (ressources humaines, contrôle de gestion, analyste...), ce que l'on nomme le « *staff* ».

Fayol introduit enfin les **14 principes de management** parmi lesquels la division du travail, l'autorité, l'unité de commandement, la centralisation, la discipline, le commandement ou encore l'esprit de corps.

Les principes de Taylor et de Fayol ont inspiré la construction des grandes structures des entreprises. Un héritage que l'on retrouve encore aujourd'hui dans les organisations actuelles.

L'organisation mécaniste et la bureaucratisation rencontre pourtant **certaines limites** : la spécialisation et la parcellisation du travail qui engendrent la perte de motivation (phénomène de « *travail en miettes* »), la séparation de la décision et de l'exécution provoque une perte d'autonomie, la forte centralisation des décisions provoque un engorgement de la hiérarchie, et la séparation en de nombreuses entités est à l'origine des conflits et des luttes de pouvoir. Ce qui explique plus récemment l'émergence de structures plus souples, capables de dépasser les limites rencontrées par les organisations traditionnelles.

La littérature distingue ainsi **5 formes** de structure que peut adopter l'organisation :

- La **structure fonctionnelle** : entreprise mono-activité, organisation par fonction.

- La **structure divisionnelle** : entreprise diversifiée, organisation par division ou centre de profits distincts.

- La **structure matricielle** : entreprise organisée par fonctions et divisions, organisation transversale.

- La **structure par projets** : entreprise dont les activités ne sont ni répétitives, ni standardisées.

- La **structure en réseau** : entreprise intégrée dans son écosystème avec un réseau interne et un réseau externe.

Structure fonctionnelle (héritage de Taylor):

- Les prémices d'une structure organisationnelle est la **structure en soleil**, structure centrée autour du créateur ou du dirigeant de l'entreprise (début d'une startup).

-

- Vient ensuite la structure **fonctionnelle simple,** structure plus spécialisée et plus formelle à laquelle une ligne hiérarchique vient s'ajouter.

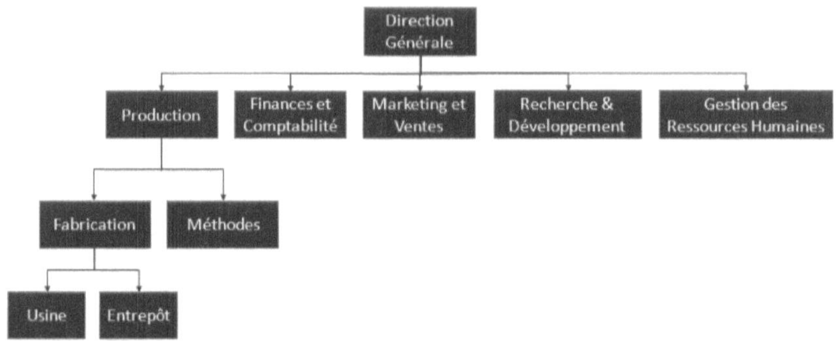

- Enfin, la structure **fonctionnelle évoluée** (« *staff and ligne* »), forme la plus sophistiquée et combinaison d'une double approche fonctionnelle (« *staff* ») et opérationnelle « *line* » avec une spécialisation fonctionnelle et un développement des responsabilités opérationnelles.

-

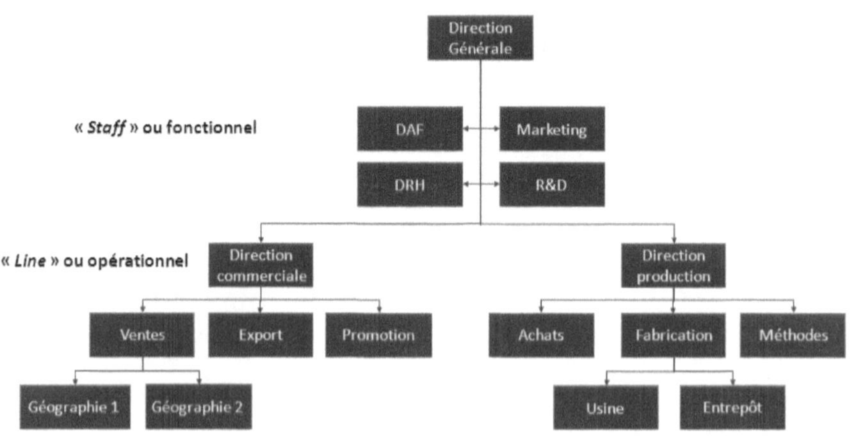

Structure divisionnelle (héritage de Fayol) :

- La structure divisionnelle **organise l'entreprise par divisions**, ou centres de profits distincts et autonomes. Elle est aussi appelée **structure en M (« *Multidivisional* »)**.

- La structure divisionnelle est adaptée pour les entreprises optant notamment pour une stratégie de diversification. Chaque division est ainsi spécialisée par segment stratégique et par un ensemble homogène de segments.

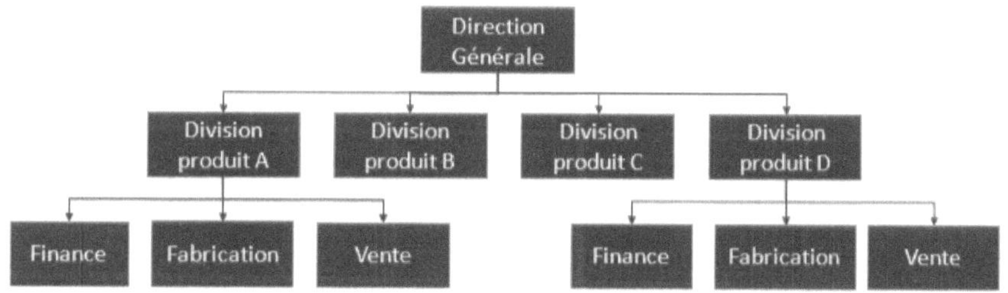

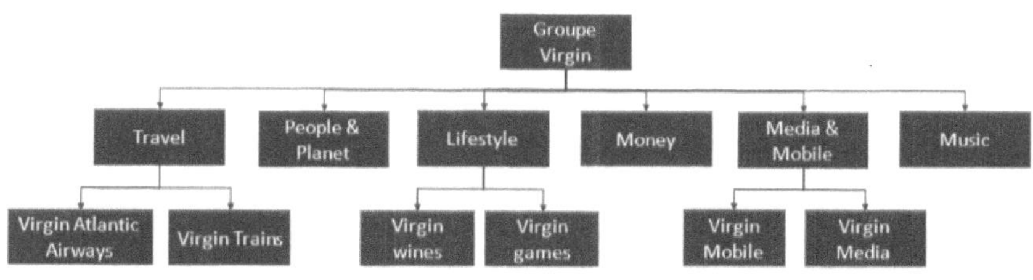

Exemple du groupe Virgin, adapté de Strategor, édition 7

Structure matricielle (héritage de J. Galbraith) :

- Les structures matricielles se caractérisent par le **croisement de deux critères de spécialisation**. Par exemple : une responsabilité opérationnelle, sur un produit, et une responsabilité fonctionnelle ou géographique. La structure matricielle **combine donc deux autres types de structures** (par fonctions et par divisions) dans une perspective **multidimensionnelle.**

- La principale caractéristique de la structure matricielle est de **remettre en cause le principe d'unicité de commandement**. Dans ce type de structure, la décision est le fruit de la confrontation entre plusieurs individus, et peut engendrer des règles de pouvoir.

- **Parmi les principaux avantages**, la structure matricielle favorise la collaboration entre des équipes pluridisciplinaires, la réactivité, l'adaptation et la créativité. En revanche, elle a pour inconvénients d'introduire une double hiérarchie, à l'origine de tensions dans l'organisation, pouvant engendrer stress et mal être au travail. Quoiqu'il arrive la décision y est plus longue à prendre et plus coûteuse à mettre en œuvre.

-

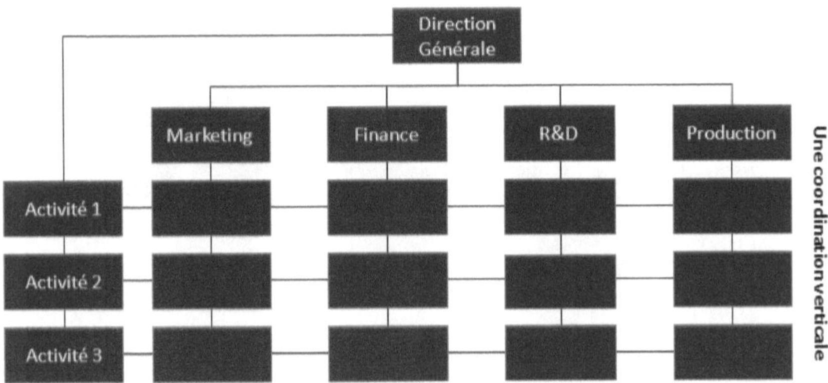

Exemple : Boeing adopte une double structure matricielle à partir des années 1970 et gagne considérablement en productivité.

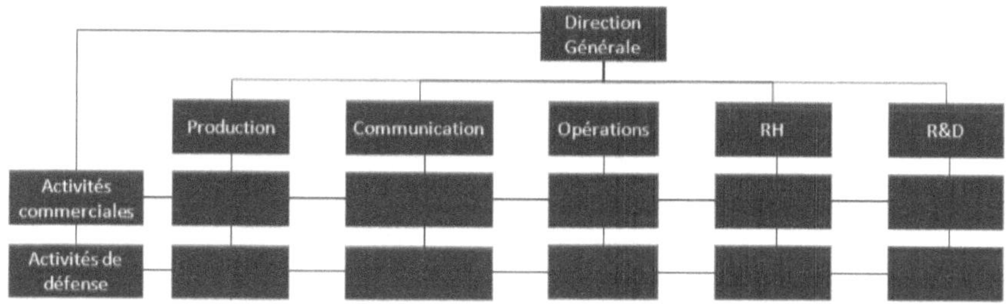

Premier niveau de structure matricielle chez Boeing

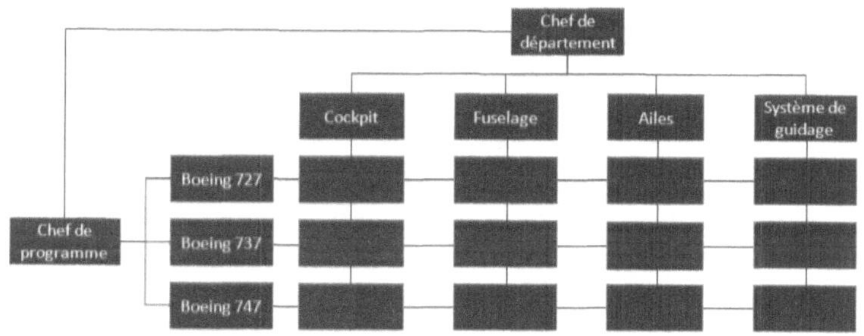

Second niveau de structure matricielle chez Boeing

Structure par projet :

- Les activités à durée déterminée sont organisées autour du **concept de projet**. Le projet exige une organisation de moyens, une maitrise des délais et de **l'autonomie par rapport à l'entreprise**.

- Chaque projet est doté de moyens propres en hommes et équipements et est placé sous la direction d'un responsable auquel sont largement déléguées les décisions opérationnelles. L'entreprise est vue comme un conglomérat de projets.

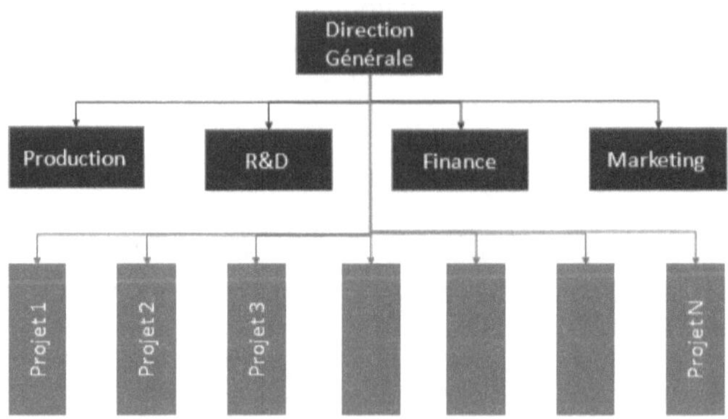

Structure en réseau :

Les nouvelles façons de travailler et les nouvelles approches des théories de l'organisation poussent à une remise en cause de la coordination par la hiérarchie et de la division verticale du travail. Se développent des organisations par **réseaux d'unités inter-reliées**. Les unités constituent les **nœuds du réseau** dans une conception d'intégration multiple.

Cette approche s'inscrit en dans une **renonciation des processus organisationnels et de la culture existante**.

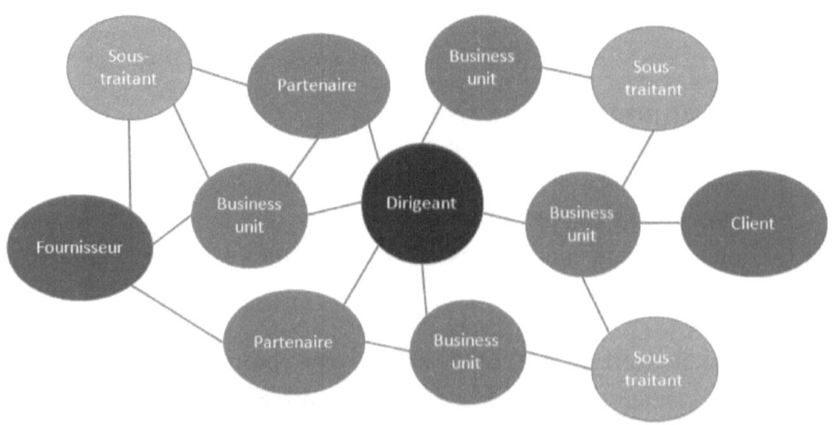

Choix des structures :

Au fil du temps, l'environnement économique se caractérise par **une plus grande complexité** des opérations ainsi qu'**une plus grande incertitude**. Ces deux dimensions ont poussé à adapter sans cesse les organisations, depuis les organisations les plus anciennes (pyramidales, fonctionnelles) jusqu'au plus récentes (réseau et désormais virtuelle).

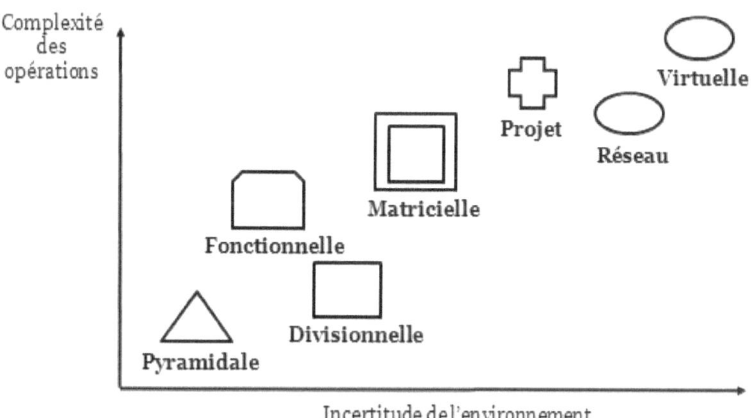

D'après 100 fiches pour comprendre la stratégie d'entreprise

On peut observer au fil du temps le passage de structures simples et rigides (fondées sur spécialisation et la hiérarchie) **vers des formes souples et complexes** pour une meilleure coordination face à l'incertitude. C'est le sens des approches récentes (communautaire, par co-working, en mode start-up, adhocratie, intelligence collective...)

A noter que certaines organisations peuvent se superposer. Par exemple, les organisations en réseau s'ajoutent parfois aux organisations matricielles, sans pour autant les faire disparaitre, mais elles permettent de réunir temporairement ou sur le long terme des acteurs autour d'un même centre d'intérêt ou d'une même expertise.

Le modèle de Greiner

Dans le prolongement du choix des structures, nous pouvons nous intéresser au modèle de Greiner. Selon Greiner, une entreprise connaît, durant son existence, **cinq phases de croissance** bien définies, entrecoupées de **cinq moments-clés appelés « crises »**. Le passage d'une phase à une autre est réalisé grâce à des adaptations structurelles qui marquent le caractère évolutif du système organisationnel. Les phases de changement dépendent de facteurs internes et externes à l'organisation. Le modèle de Greiner est donc un **modèle de cycle de vie ou de croissance des organisations**.

Graphiquement, le modèle de Greiner positionne les différentes phases d'évolution de l'entreprise identifiée de la façon suivante, selon les dimensions « *taille de l'organisation* » et « *âge de l'organisation* ».

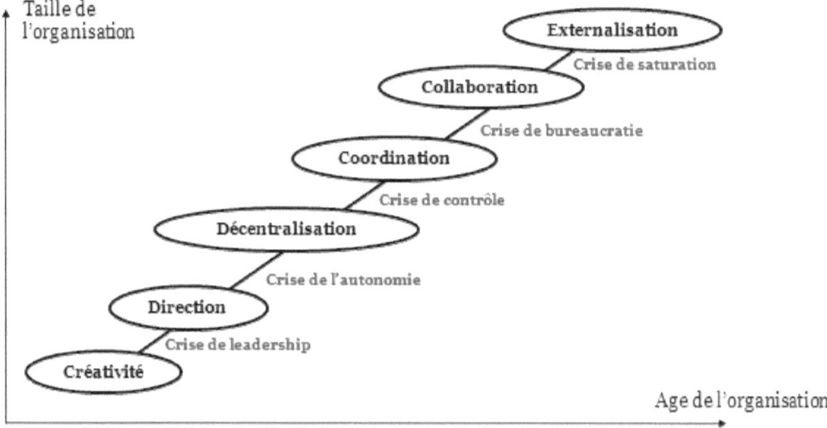

D'après Greiner

248

La conduite du changement

Comme le notait de façon humoristique, Francis Blanche: *« Dans un monde qui bouge, il vaut mieux penser le changement que changer le pansement »*.

Le **changement organisationnel** se définit comme une séquence d'évènements entrainant une modification dans la forme, la qualité ou l'état. Le changement reposant sur **trois dimensions clés** : **contenu, contexte, processus**.

La conduite du changement organisationnel est une compétence stratégique qui participe à un **avantage concurrentiel**, notamment dans les environnements concurrentiels qui évoluent rapidement.

Il est également nécessaire de distinguer le changement **continu** du changement **radical** :

- **Le changement continu/incrémental** ne modifie pas la logique dominante. Il renvoie notamment à la théorie de l'apprentissage organisationnel.

- **Le changement radical** s'inscrit en revanche dans le contexte d'instabilité croissante de l'environnement, d'accélération des changements, d'une concurrence accrue et de la recherche d'agilité.

Dans toute démarche de conduite du changement, se pose le problème de la **résistance au changement**. Celle-ci démarre par la perception d'une **menace**. Il n'est souvent pas nécessaire que la menace soit réelle, c'est généralement la **perception** qui importe. Les difficultés de mise en œuvre des changements sont en grande partie d'ordre technique, mais c'est aussi le reflet des intérêts et stratégies individuelles de chacun.

On compte **plusieurs démarches** plus ou moins formalisées de conduite du changement :

- **L'approche planifiée** synthétique et procédurale :

    - 1 - Clarifier l'état futur désiré (l'état futur qu'on cherche à atteindre).

    - 2 - Mettre en place des plans d'actions.

    - 3 - Suivre les processus de mise en œuvre.

- **L'approche standardisée**, basée sur le **Modèle de Kotter**, en 8 étapes :

    - 1 - Créer un sentiment d'urgence.

    - 2 - Former une coalition solide pour guider le changement.

    - 3 - Développer une vision

    - 4 - Communiquer la vision

    - 5 - Responsabiliser les collaborateurs

    - 6 - Remporter et exploiter de petites victoires

    - 7 - Consolider la dynamique de changement en lançant de nouvelles initiatives

    - 8 - Ancrer le changement dans la culture.

- **L'approche contingente**, qui considère chaque cas comme spécifique. Il convient alors de construire un programme de changement spécifique à la situation.

Leadership

Dans *Managers and leaders : Are they different ?* A. Zaleznik et W. Bennis font une distinction. Le **manager** est celui qui se concentre sur le processus, le contrôle et la résolution de problèmes opérationnels, tandis que le **leader** porte la dimension créative et collective (« *Yes we can* »), donne du sens (« *Je crois que cette nation devrait se donner l'objectif, avant la fin de cette décennie, d'envoyer un homme sur la Lune et de le ramener sain et sauf sur Terre.* » J. F. Kennedy), montre l'exemple (« *L'exemple n'est pas le meilleur moyen de convaincre, c'est le seul* » Gandhi) et s'attaque à des problématiques nouvelles.

En résumé, le leader est celui qui a la **capacité de vision et d'animation**, celui qui s'intéresse à la fois à la **performance économique** (s'assurer de l'exécution des tâches et des contrats) et à la **performance humaine** (centrée sur les interactions avec l'équipe, l'épanouissement).

En conséquence Zaleznik et Bennis se sont intéressés au **rôle du leader** et ont identifié les activités suivantes :

- Travailler sur **le collectif** en transformant l'organisation.

- Travailler sur **l'histoire** en prenant en charge le changement.

- Travailler sur **son rôle** la conception même du rôle de leader.

Zaleznik et Bennis identifie également **cinq catégories de leaders** :

- **Optimistes** : ceux qui croient à leur perception, mais ne voient pas la complexité du monde.

- **Narcissiques** : qui sont capables de développer des moyens de s'émanciper des autres pour développer leur force.

- **Managers** : qui sont concentrés sur les dispositifs organisationnels et les outils de gestion.

- **Habilitateurs** : qui assument un rôle de chef charismatique.

- **Humanistes** : qui ont le talent de comprendre l'homme.

Autre école de pensée, **l'Ecole des relations humaines** qui identifie de son côté **cinq styles de leadership :**

- **Analytique** : le dirigeant trouve les solutions après analyse.

- **Humaniste** : le dirigeant favorise la motivation des salariés (centré sur les relations, le fonctionnement, les valeurs).

- **Visionnaire** : le dirigeant trace un grand dessein pour l'entreprise (buts ambitieux à atteindre, dépassement de soi).

- **Opérationnel** : le dirigeant construit le présent et accompagne les équipes (nourrit de son expérience métier, très proche du management des activités au quotidien).

- **Communicationnel** : le dirigeant est porte-parole de l'entreprise (vers les parties prenantes, présentant une image favorable).

Enfin, le **modèle de Blake et Mouton** propose une cartographie des styles de management en s'appuyant sur l'orientation tâche et l'orientation relationnelle. Ils en identifient quatre profils classiques de dirigeants : **Coopérateur, Meneur, Compétiteur, Organisateur**.

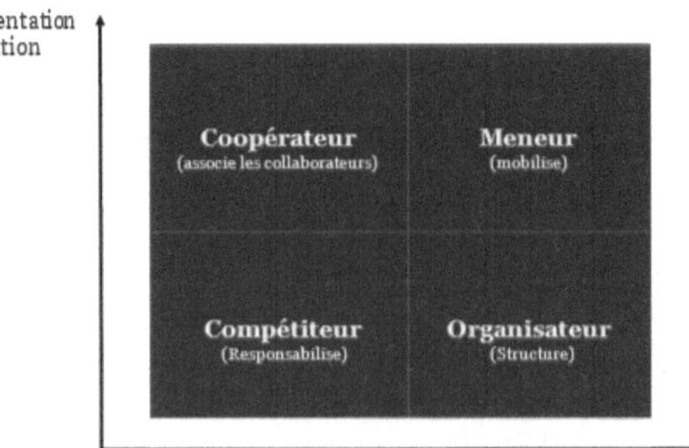

D'après Comportements humains et management, 5ème édition

Culture et identité

La **culture** se caractérise par le fait qu'elle est **partagée**, qu'elle **fait sens** et qu'elle **favorise la performance**.

La culture et l'identité de l'entreprise va se fonder sur **un certain nombre d'éléments** qui vont contribuer à fédérer les parties prenantes autour du projet porté par les dirigeants :

- Les croyances, les valeurs, les normes : vision du monde de l'entreprise.

- Les mythes et les héros : les figures de l'histoire et la légende de l'entreprise.

- Les rites et les codes : pratiques qui fédèrent et rassemblent.

- Les symboles : représentation codée de la nature de l'entreprise (logos...).

- Les tabous : sujets à ne pas aborder, liés aux peurs de l'entreprise.

- Les routines : manières d'agir au quotidien, règles formelles et informelles.

- Les structures de pouvoir : les vrais détenteurs de l'autorité et de la prise de décision.

- Les structures organisationnelles : les formes et la répartition des responsabilités.

- Imaginaire organisationnel : représentation de l'entreprise dans l'imaginaire des parties prenantes.

Exemple de Michel et Augustin avec une culture d'entreprise fun et décalée :

Autre exemple, Coca-Cola, dont la culture s'enracine dans une histoire, autour d'un logo, d'une couleur, de la forme de la bouteille originale...

Chez Ikea, la culture s'articule autour de son pays d'origine, la Suède, et autour d'un univers, d'un concept, de couleurs et d'une forte standardisation...

Pour Apple, la culture joue un rôle essentiel dans le succès de la marque. Tout le monde connait sa devise (« *Think Different* »), ses symboles (la pomme, l'Iphone), ses mythes (Steeve Jobs), ses lieux de rassemblement (les keynotes, l'Apple Store), ses points forts (le design sobre, simple, futuriste, ergonomique), et mêmes ses tabous (c'est cher, Apple innove-t-il encore depuis la disparition de Steve Jobs ?).

Chez Blablacar, prédominent l'esprit startup et la forte dimension communautaire. Les équipes sont fédérées autour d'un slogan « *think it, build it, use it !* ».

Jouer avec l'identité de la marque ou avec la culture de l'entreprise, rien de plus dangereux. C'est la mésaventure qui est arrivée à Coca-Cola. Le 23 avril 1985, Coca-Cola lance en grande pompe son nouveau Coca. Pour contrer la concurrence de Pepsi, Coca-Cola élabore une nouvelle recette, plébiscitée par les consommateurs lors de tests à l'aveugle (« *Plus doux* », « *Plus léger* »). Pourtant, les clients se révoltent et réclament le retour du vrai Coca-Cola. Le « New Coke » est retiré après seulement 79 jours. Muhtar Kent, PDG de Coca-Cola, voit deux leçons de cet échec : « *Premièrement : ne joue pas avec quelque chose qui ne peut pas être amélioré. Deuxièmement : les gens qui aiment nos marques en sont les véritables propriétaires.* ».

La décision

La décision matérialise la stratégie. Une stratégie ne peut réussir que si elle est mise en œuvre. Le décideur et le stratège sont deux figures différentes.

Le **décideur** est celui qui doit trancher, et vivre avec la solitude (une seule personne portera la responsabilité de la stratégie choisie) et l'incertitude (les conséquences d'une décision ne sont jamais certaines ni totalement mesurables).

Il convient de distinguer **deux niveaux de décision** : la décision **stratégique** (durable) et la décision **tactique** (courante). La décision stratégique se décomposant en **trois temps** : **la recherche des choix possibles, l'évaluation, la sélection**.

Il faut également noter **trois contextes** de prise de décision :

- **Décision émergente** : la décision est prise en même temps que la mise en œuvre de la stratégie.

- **Décision anticipée** : dans le cadre d'un processus de planification, ce qui permet de préparer son choix.

- **Décision occurrente** : lors d'un changement radical qui remet en cause la stratégie.

Pour guider la prise de décision, il est possible de s'appuyer sur des **modèles de décision :**

- Modèle décisionnel classique ou **modèle de « *l'acteur unique* ».** Il s'inscrit dans l'héritage de l'économie classique et du modèle de l'homoeconomicus. La firme est vue comme un acteur parfaitement rationnel. Ici, le décideur (le dirigeant ou la firme, considérée comme un « *acteur unique* ») est capable de **décider de façon autonome et rationnelle** à la recherche d'une solution optimale, « *the one best way* ». C'est un processus uniquement descendant « top down ». Les choix se déduisent des objectifs, des diagnostics et des évaluations que l'organisation va suivre. Le processus de décision est donc vu comme une succession **logique**. Concrètement, il s'est traduit dans les modèles **LCAG** et **SWOT** de l'Ecole de Harvard.

- **Modèle organisationnel**. Il s'inscrit en opposition au postulat de la rationalité parfaite en reprenant le **principe de la rationalité limitée** d'Herbert Simon et par une prise en compte de la **perspective cognitive**. Le principe de rationalité limitée part du principe que le décideur n'a pas une vision globale, ne peut pas traiter la totalité de l'information disponible. De plus, celui-ci ne cherche pas la solution optimale mais retient la première solution jugée satisfaisante. Il ne maximise donc pas mais cherche un bon niveau de satisfaction. En conséquence, cette approche prône l'apprentissage, avec une modification progressive des procédures. Dans cette vision décentralisée de la décision, **chaque unité de l'organisation développe ses solutions**. James March, de l'université de Stanford complète ces développements en mettant en évidence que le décalage entre les informations collectées, leur pertinence et leur utilisation finale pour la prise de décision.

- **Modèle politique**. L'entreprise est considérée dans ce cas comme un ensemble de joueurs au sein d'une organisation. Ces joueurs sont dotés **d'intérêts** et **d'objectifs propres**, contrôlant différentes ressources. Le pouvoir est partagé et les objectifs sont peu définis. L'importance est donnée à l'interprétation des acteurs, et aux **jeux de pouvoirs**. La décision est donc le produit des **influences** et de la **négociation**.

D'après Comportements humains et management, 5ème édition

- **Modèle dit « *de la poubelle* »** ou « *garbage can model* ». Ce modèle a été mis en évidence par Cohen, March et Olsen en 1972. Il s'inscrit dans l'idée d'une **déconstruction des processus de prise de décision** avec la disparition de l'idée même de décision (il n'existe pas de processus linéaire et rationnel à la prise de décision). Tous les éléments de prise de décision sont vus comme présents de manière anarchique, **comme dans une poubelle. La décision est le produit de la rencontre fortuite** de flux indépendants et le fruit « *d'anarchies organisées* ». L'accent est mis ici sur l'action des organisations, une part de hasard et non sur la décision construite.

Daniel Kahneman, psychologue et prix Nobel d'économie pose dans un de ses ouvrages la question suivante : « *Une batte de baseball et une balle coûtent 1,10 dollar. La batte coûte un dollar de plus que la balle. Combien coûte la balle ? »*.

Notre cerveau rapproche presque immédiatement la valeur dix centimes de celle du prix total d'un dollar dix pour arriver rapidement à une réponse… fausse. Car la bonne réponse est 5 centimes !

Dans Système 1 / Système 2 : les deux vitesses de la pensée, Daniel Kahneman explique que nous avons en réalité **deux façons différentes de traiter l'information** et de résoudre les problèmes : une façon **rapide et intuitive** appelée **système 1** (émotionnel) et une façon **lente et analytique** appelée **système 2** (logique). Dans l'exemple précédent, le système 1 est aspiré par une solution qui se révèle fausse. Le système 2 aurait trouvé la bonne réponse. En cela, Daniel Kahneman critique le modèle de l'homoeconomicus rationnel de la théorie néoclassique pour la prise de décision. Non, l'acteur rationnel ne l'est pas toujours, perturbé par son analyse émotionnel (système 1) mais aussi certains biais cognitifs.

Quelques exemples de **biais cognitifs** à garder en tête pour se méfier de ses propres jugements avant toute prise de décision :

- **Biais attentionnels** : perceptions influencées par ses propres intérêts.

- **Biais de récence** : mieux se souvenir des dernières informations.

- **Biais de simple exposition** : avoir été exposé à une situation qui la rend plus positive.

- **Biais de primauté** : mieux se souvenir des premiers éléments d'une liste.

- **Biais d'ambiguïté** : éviter les options sur lesquelles on manque d'information.

- **Biais de préjugé** : jugement préétabli en raison de l'appartenance à un groupe.

- **Biais d'attribution** : façon d'attribuer la responsabilité d'une situation à soi ou aux autres.

- **Effet de halo** : perception sélective d'informations allant dans le sens d'une première impression que l'on cherche à confirmer.

- **Effet râteau** : exagérer la régularité du hasard.

- **Biais rétrospectif** : tendance à juger à posteriori qu'un évènement était prévisible.

- **Effet Dunning-Kruger** : les moins compétents dans un domaine surestiment leur compétence, alors que les plus compétents ont tendance à sous-estimer leur compétence.

- **Biais de statu quo** : la nouveauté est vue comme apportant plus de risques que d'avantages possibles.

- **Illusion des séries** : percevoir à tort des coïncidences dans des données au hasard.

- **Effet retour de flamme** : la croyance initiale est renforcée en face de preuves pourtant contradictoires.

- **Biais de représentativité** : considérer un ou certains éléments comme représentatif d'une population.

- **Aversion à la dépossession** : tendance à donner plus de valeur à un bien ou à un service lorsque celui-ci est sa propriété.

- **Biais culturel** : biais lié à la tendance à se conformer à un type culturel donné.

- **Biais linguistique** : les caractéristiques d'une langue influent sur la cognition.

Limites et perspectives

Les limites de la stratégie

Dans le prologue du best-seller *Le Prix de l'Excellence*, Tom Peters et Robert Waterman évoque **l'histoire des mouches et les abeilles** :

- Enfermez des mouches et des abeilles dans une bouteille. Couchez la bouteille puis ouvrez-là. Au bout de deux minutes, les mouches ont trouvé la sortie et sont sorties. Les abeilles vont s'entêter à vouloir passer à travers le verre jusqu'à mourir de faim.

- Les mouches volent dans tous les sens, au hasard. Ce qui les conduit rapidement vers la sortie. L'absence de pensée dans l'action les aide, contrairement aux abeilles.

Une critique de la part des auteurs sur la pensée stratégique qui croit tout résoudre.

En 1994, dans *Grandeur et décadence de la planification stratégique*, Henry Mintzberg se livre également à une **critique en règle de la planification stratégique** qu'il accuse de trois maux :

- **Illusion de la prédétermination** dans un environnement incertain (changement, innovation, disruption), l'examen de l'environnement de l'entreprise est trop limité.

- **Illusion du détachement**. La stratégie ce n'est pas que de la planification, mais aussi de la mise en œuvre. Nécessité de prise en compte des comportements individuels. Tous les niveaux hiérarchiques doivent s'approprier la stratégie.

- **Illusion de la formalisation**. Il faut accepter de remettre en question la stratégie. Etre attentif aux nouveautés, aux initiatives. Ne pas rester figé sous prétexte que tout est déjà formalisé. L'entreprise doit être flexible et agile.

L'expérience montre en réalité que la **planification ne peut répondre de façon pertinente aux situations nouvelles et aux crises**.

L'école de l'apprentissage émet également certaines réserves. On ne peut pas contrôler la définition de la stratégie depuis le sommet de l'entreprise. D'une part, les décideurs font un apprentissage en stratégie. D'autre part, le rôle du dirigeant n'est pas de définir la stratégie mais de **favoriser le processus d'apprentissage** dans toute l'entreprise. Grâce à cet apprentissage, **une stratégie nouvelle pourra émerger au sein de l'organisation**.

La littérature de la stratégie d'entreprise invite également à se méfier du processus d'escalade de l'engagement dit « *escalation of commitment* »). L'escalade de l'engagement est la tendance à poursuivre une action, alors même que celle-ci ne produit pas les effets désirés parce qu'on ne veut pas se résoudre à perdre (temps, argent) les ressources déjà investis. Autrement dit, le risque de **persistance dans les choix et l'attachement psychologique** des décideurs aux projets. S'il ne faut pas s'arrêter au premier obstacle, il faut savoir s'arrêter (comme le joueur qui perd au Casino, et pensera indéfiniment se refaire au prochain coup).

Centrale dans l'élaboration de la stratégie corporate, notamment dans la relation entre dirigeants et actionnaires la **théorie de l'agence** est également remise en question. La création de valeur pour l'actionnaire demandé au top management (qui n'est à son poste que pour quelques années) s'est transformée en « *résultat du prochain trimestre* ». Cette **réduction de l'horizon temporel** des dirigeants détourne de la définition de la stratégie vers des enjeux liés aux marchés financiers. Pour Michael Porter, si l'attention du top management est exclusivement consacrée à la création de valeur immédiate pour l'actionnaire, **qui va se soucier des intérêts des autres parties prenantes ?**

Attention aussi dans l'élaboration de la stratégie à **ne pas remplacer la création de valeur** par des politiques de **réduction de coût ?** En effet, pour beaucoup d'entreprises, la manière la plus efficace de créer de la valeur est de **réduire les coûts**. En conséquence, on observe le report des achats stratégiques ou un changement fréquent de sous-traitants pour trouver le moins cher, sans se soucier des conséquences à moyen-terme (perte de compétitivité, de savoir-faire). Le dirigeant n'est alors pas dans une logique de définition de la stratégie mais dans une **logique de gestion. La vrai valeur du dirigeant est pourtant dans la création de nouveaux produits et services** pour créer de la valeur, pas dans la réduction des coûts. Il est d'ailleurs prouvé que « *l'exploration* » plutôt que « *l'exploitation* » (James March) engendre une meilleure croissance de long terme. Warren Buffet lui-même résume ainsi la tendance actuelle : « *La culture hystérique centrée sur les résultats trimestriels est totalement contraire à l'approche de long terme dont nous avons besoin* ».

Perspectives

Sur les 100 compagnies bénéficiant de la plus importante capitalisation boursière en 1912, la moitié a disparu en 1995 et seulement 19 sont encore dans le top 100. L'espérance de vie des sociétés a chuté de 61 ans à 18 ans en une cinquantaine d'année.

Leslie Hannah, de la London School of Economics s'est intéressée aux **secrets des entreprises qui durent** et en dégage plusieurs grandes constantes :

- **Fonctionner avec efficacité** (importance cruciale de l'opérationnel)

- **Créer de nouvelles activités** répondant aux opportunités futures.

- **Se défaire de son histoire et de ses routines,** si elles empêchent de croitre.

L'entreprise doit donc **construire une intention stratégique de long terme tout en gérant les changements constants**. Les exemples actuels dans la Sillicon Valley invitent à privilégier « *l'incrémentalisme* », c'est-à-dire la logique essais/erreurs.

De plus, la conception de la stratégie a évolué au cours du temps avec **l'évolution du contexte économique** :

- **Hier** : stratégie bien maitrisée.

- **Aujourd'hui** : incertitudes.

- **Demain** : vers le modèle du « *Manager contraint* » et de entrepreneur en entreprise (ou « *intrapreneur* »).

Le praticien de la stratégie d'entreprise doit sans cesse **remettre en question** à cause les modifications de modes de consommation, des mutations technologiques, de la concurrence, de la digitalisation. L'entreprise doit préparer l'avenir mais reconnaître les **incertitudes du monde à actuel et à venir**.

Bibliographie

La boîte à outils de la Stratégie, La Boite à Outils, Dunod, 3ème édition, Bertrand Giboin, 2019

Devenez un as de la stratégie, La bibliothèque du manager, Jean-Blaise Mimbang, Christophe Speth, Thomas del Marmol, 2018

Stratégie, Openbook, Dunod, Franck Brulhart, Christophe Favoreu, Sandrine Gherra, 2015

Les stratégies de l'entreprise, Les topos, Dunod, Frédéric Leroy, 2017

Strategor - toute la stratégie d'entreprise, 7ème édition, Livres en Or, Dunod, Laurence Lehmann-Ortega, Frédéric Leroy, Bernard Garrette, Pierre Dussauge, Rodolphe Durand, 2016

De Sun Tzu à Steve Jobs - Une histoire de la stratégie, Dunod, Bruno Jarrosson, 2016

100 fiches pour comprendre la stratégie d'entreprise, 7ème édition, 100 fiches, Bréal, Jean-Louis Magakian, Marielle Audrey Payaud, 2018

Management stratégique, 10ème édition, Gestion, Vuibert, Jean-Pierre Helfer, Michel Kalika, Jacques Orsoni, 2013

Gestion des entreprises, Cours de 1ère année, Département Sciences de l'Entreprise, CentraleSupélec, Eleonore Mounoud, 2019/2020

Comprendre Michael Porter. Concurrence. Stratégie. , Eyrolles, Joan Magretta, 2012

Le low cost, La Découverte, Collection repères, Emmanuel Combe, 2019

Les nouvelles stratégies concurrentielles, La Découverte, collection repères, Pierre Roy, 2010

Economie du luxe, Les topos, Dunod, Franck Delpal, Dominique Jacomet, 2014

11 cas de stratégie : Etudes de cas d'entreprises avec corrigés détaillés (stratégie - Politique de l'entreprise), Dunod, coordonné par Isabelle Calmé et Marion Polge, 2015

60 stratégies d'entreprises à la loupe, Le Figaro Economie, Dunod, Véronique Guillermard, Christine Lagoutte, Frédéric de Monicault, Marie-Cécile Renault, 2009

L'Art de la guerre, Champs classiques, Flammarion, Sun Tzu, 2017

Le Prince, folio classique, Machiavel, 2007

De la guerre, Rivages, Carl von Clausewitz, 2006

Stratégie, tempus, Perrin, Basil Liddell Hart, 2015

Économie des coûts de transaction, Collection Repères, La Découverte, Stéphane Saussier, Anne Yvrande-Billon, 2007

The Theory of the Growth of the firm, Oxford, Fourth edition, Edith Penrose, 2009

Stratégies et structures de l'entreprise, les éditions d'organisation, les classiques EO, Alfred Chandler, 1989

L'Avantage concurrentiel, Stratégies et management, Dunod, Michael Porter, 2003

The Innovator's Dilemma: When New Technologies Cause Great Firms to Fail, Harvard Business Reivew Press, Clayton Christensen, 2016

La longue traine : comment internet a bouleversé les lois du commerce, Champs, Flammarion, Chris Anderson, 2018

Business Model Nouvelle Génération : Un guide pour visionnaires, révolutionnaires et challengers, Pearson, Alexander Osterwalder, Yves Pigneur, 2011

Système 1 / Système 2 : les deux vitesses de la pensée, Essais, Flammarion, Daniel Kahneman, 2012

Stratégie océan bleu: Comment créer de nouveaux espaces stratégiques, Pearson, W. Chan Kim, Renée Mauborgne, 2015

Le prix de l'excellence - les 8 principes fondamentaux de la performance, Idem, Dunod, Tom Peters, Robert H. Waterman, 2012

Comportements humains et management, 5ème édition, Eco Gestion, Pearson, Frédérique Alexandre-Bailly, Denis Bourgeois, Jean-Pierre Gruère, Nathalie Raulet-Croset, Christine Roland-Lévy, 2016

Théorie des organisations, 5ème édition, Les Topos, Dunod, Jean-Michel Plane, 2017

Grandeur et décadence de la planification stratégique, Stratégies et management, Dunod, Henry Mintzberg, 2004

75 idées inspirantes, Expert, Hors-Série, Harvard Business Review, 2016

Crédits photos

Dans l'ordre, les crédits attribués aux photos apparaissant dans l'ouvrage :

Périclès, stratège :domaine public
Bataille Achille contre Hector : domaine public
Le cheval de Troie : domaine public
Portrait de Sun Tzu : https://www.babelio.com/auteur/Sun-Tzu/3396 (sans attribution)
Char gonflable Sherman : domaine public
Portrait de Nicolas Machiavel : domaine public
Portrait de Joseph Staline : domaine public
Portrait de Carl Von Clausewitz : domaine public
Bataille de la guerre de 1870 : domaine public
Portrait de Basil Liddell Hart : domaine public
Les tranchées, guerre 14-18 : domaine public
Bonaparte et la campagne d'Italie :domaine public
Portrait de Léon Walras : domaine public
Portrait d'Alfred Marshall : domaine public
Portrait de Bertrand : domaine public
Portrait de Cournot : domaine public
Portrait de John Nash : commons.wikimedia.org, sandstein, CC-BY-SA 3.0
Portrait de Ronald Coase : copyright allow all use
Portrait de Jean-Baptiste Say : domaine public
Portrait de Joseph Schumpeter : commons.wikimedia.org, Gaeanautes, CC-BY-SA 3.0
Portrait de Frederick Taylor :domaine public
Portrait d'Henri Fayol : domaine public
Portrait de Peter Drucker : commons.wikimedia.org ,VanWiel, CC-BY-SA 2.0
Portrait d'Igor Ansoff : commons.wikimedia.org ,VanWiel, CC-BY-SA 3.0
Portrait de Michael Porter : commons.wikimedia.org , Magnus Manske, CC-BY-SA 2.0
Portrait de Gary Hamel : flickr.com, Svoboda v práci, CC-BY-SA 2.0
Portrait de Coimbatore K. Prahalad :, Flick, Eric Miller, CC-BY-SA 2.0
Portrait de Jay Barney : commons.wikimedia.org, FrostyPioneer, CC-BY-SA 4.0
Photo IBM650 : domaine public
Photo IBM PC : domaine public
Photo moteur à explosion : https://rallystory.skyrock.com, pas d'attribution
Photo turboréacteur Jumo 004 : domaine public
Photo iphone 1 : commons.wikimedia.org, Rafael Fernandez CC-BY-SA 4.0
Photo de l'évolution des téléphones mobiles : domaine public
Photo Chris Anderson : commons.wikimedia.org , FlickrLickr, CC-BY-SA 2.0
Photo Alice aux pays des Merveilles : domaine public
Photo Napoléon : domaine public

Cet ouvrage a été imprimé par Amazon

Dépôt légal : janvier 2020